N° 57.

Prix : 2 fcs

BULLETIN OFFICIEL
DU MINISTÈRE DE LA GUERRE.

ÉDITION MÉTHODIQUE.

JUSTICE MILITAIRE

ÉTABLISSEMENTS PÉNITENTIAIRES
MILITAIRES

TEXTE

Volume arrêté à la date du 1er octobre 1912

PARIS
HENRI CHARLES-LAVAUZELLE
Éditeur militaire
10, Rue Danton, Boulevard Saint-Germain, 118
(MÊME MAISON A LIMOGES)

1912

BULLETIN OFFICIEL
DU MINISTÈRE DE LA GUERRE.

ÉDITION MÉTHODIQUE.

JUSTICE MILITAIRE

ÉTABLISSEMENTS PÉNITENTIAIRES
MILITAIRES

TEXTE

Volume arrêté à la date du 1er octobre 1912

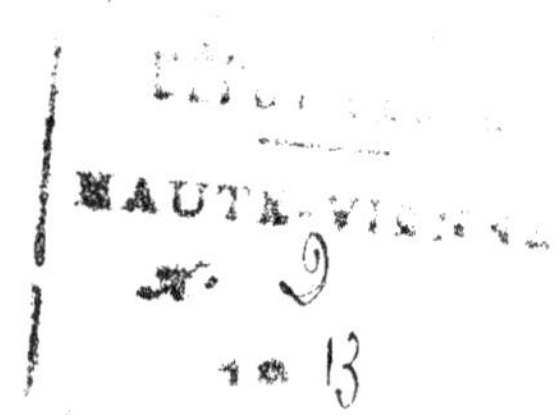

PARIS
HENRI CHARLES-LAVAUZELLE
Éditeur militaire
10, Rue Danton, Boulevard Saint-Germain, 118
(MÊME MAISON A LIMOGES)

1912

BULLETIN OFFICIEL
DU MINISTÈRE DE LA GUERRE.

ÉDITION MÉTHODIQUE.

JUSTICE MILITAIRE.

ÉTABLISSEMENTS PÉNITENTIAIRES MILITAIRES

Décret sur les établissements pénitentiaires militaires (1).

Paris, le 26 février 1900.

Le Président de la République française,

Sur le rapport du Ministre de la guerre;

Vu l'article 274 du Code de justice militaire pour l'armée de terre;

Vu les règlements du 23 juillet 1856, sur les établissements pénitentiaires, et du 20 juin 1863, sur les prisons militaires;

Vu le règlement provisoire du 6 février 1865, sur l'organisation administrative des prisons militaires de l'intérieur,

Décrète :

Art. 1er. Les établissements pénitentiaires militaires comprennent :

---

(1) Mis à jour par l'incorporation dans le texte des modifications qui y ont été apportées par les décrets des 2 novembre 1902, 11 mars 1910, 4 février et 30 septembre 1911.

1° Des prisons;
2° Des pénitenciers;
3° Des ateliers de travaux publics.

Chaque prison est dirigée, sous l'autorité du commandant d'armes, par un adjudant du service de la justice militaire, qui prend le titre d'agent principal. Exceptionnellement, elle peut être commandée par un officier du grade de capitaine ou de chef de bataillon, en activité ou en retraite.

Chaque pénitencier et chaque atelier de travaux publics est commandé par un capitaine ou un chef de bataillon, en activité ou en retraite.

Les établissements pénitentiaires militaires relèvent des gouverneurs militaires et des commandants de corps d'armée sur le territoire desquels ils sont situés.

L'administration des prisons militaires est confiée à l'agent principal, conformément aux dispositions de l'article 24 de la loi du 16 mars 1882, concernant les compagnies et sections formant corps. Celle des pénitenciers et des ateliers de travaux publics est assurée par un conseil d'administration dans les conditions déterminées aux articles 21 et 22 de la même loi.

Les décrets et règlements intéressant l'administration générale et la comptabilité des corps de troupe sont applicables aux établissements pénitentiaires militaires, sous réserve des dispositions particulières insérées dans l'instruction concernant lesdits établissements.

Art. 2. Les prisons et les pénitenciers reçoivent les condamnés à l'emprisonnement. Le Ministre fixe la répartition de manière à affecter, autant que possible, à des établissements distincts les condamnés des deux catégories ci-après :

1re catégorie. — Les condamnés à l'emprisonnement pour crimes et délits purement militaires ou pour délits de droit commun autres que ceux visés au paragraphe suivant;

2e catégorie. — Les condamnés à l'emprisonnement pour crimes et délits de droit commun de la nature de ceux prévus à l'article 5 de la loi sur le recrutement de l'armée, quelle que soit la durée de la peine encourue. Les condamnés de la 1re catégorie qui ont des antécédents judiciaires de la nature de ceux visés au présent paragraphe sont également classés dans la 2e catégorie.

Les condamnés de chaque catégorie qui, en raison de leurs antécédents ou des constatations faites au cours de la prévention, seraient considérés comme particulièrement corrompus ou dangereux, sont, sur un rapport spécial du commissaire du gouvernement ou de l'agent principal, dirigés sur les établissements pourvus du régime cellulaire.

Les prisons militaires reçoivent, en outre, les militaires punis disciplinairement lorsqu'ils ne peuvent subir leur punition au corps, les militaires à destination des compagnies de discipline et des bataillons d'infanterie légère d'Afrique, les prévenus et les condamnés de passage.

Les ateliers ne reçoivent que les condamnés à la peine des travaux publics.

Art. 3. Le régime pénitentiaire comporte le travail en commun pendant le jour, avec obligation du silence absolu et, autant que possible, la réclusion cellulaire pendant la nuit.

Art. 4. Les militaires incarcérés à titre disciplinaire, ceux qui sont en état de prévention et les passagers non condamnés, ne sont astreints au régime pénitentiaire défini par l'article précédent que s'ils en font expressément la demande.

Il en est de même pour les condamnés qui ont formé un pourvoi en cassation, sauf toutefois pour ceux de ces derniers qui auraient été mis à nouveau en prévention de conseil de guerre pendant qu'ils subissaient déjà une peine; dans ce cas, en attendant que la Cour de cassation ait statué sur leur pourvoi, ils sont soumis intégralement au régime pénitentiaire défini par l'article 3 ci-dessus.

Art. 5. Les prisons sont aménagées de manière à séparer les condamnés des prévenus, des passagers non condamnés et des militaires punis disciplinairement.

Lorsque des prisons et des pénitenciers détiennent simultanément des condamnés appartenant à plusieurs des catégories spécifiées à l'article 2, ces catégories doivent y être nettement séparées.

Art. 6. Il est créé dans les pénitenciers et ateliers de travaux publics une section spéciale et isolée pour les récidivistes.

Art. 7. Les condamnés qui se conduisent bien peuvent être l'objet de propositions pour grâce ou réduction de peine, quand ils ont accompli au moins la moitié de la peine qui leur a été infligée soit par jugement, soit par commutation.

Ce délai peut être réduit dans le cas de circonstances exceptionnelles, telles qu'actes de courage, de dévouement, etc.

Art. 8. Les détenus ne conservent aucun argent de poche; les sommes qui leur appartiennent, ainsi que celles qu'ils peuvent recevoir comme salaire ou à tout autre titre, constituent pour chacun d'eux un fonds particulier qui est déposé dans la caisse de l'établissement et dont il est fait emploi conformément aux dispositions de l'instruction pour l'application du présent décret.

Art. 9. Les officiers et les sous-officiers ou employés militaires à solde mensuelle, détenus à titre disciplinaire ou autrement, se nourrissent à leurs frais.

Le régime alimentaire de tous les autres détenus indistinctement comporte, outre la ration individuelle de pain, deux repas, l'un le matin, l'autre le soir, dans les conditions déterminées par l'instruction.

Les détenus dont la conduite est satisfaisante peuvent améliorer leur nourriture par des achats faits au moyen de prélèvements sur leurs fonds particuliers.

Art. 10. Le service des cultes est assuré, dans les établissements pénitentiaires militaires, en conformité de la loi de séparation des Eglises et de l'Etat, suivant les règles fixées par l'instruction précitée.

Art. 11. Dans chaque établissement pénitentiaire, il est organisé une école d'enseignement primaire obligatoire pour les condamnés illettrés, sachant seulement lire ou imparfaitement écrire.

Art. 12. Les punitions infligées aux détenus, selon la gravité de leurs fautes, sont :

1° La privation d'achats supplémentaires de vivres;

2° Les corvées hors tour;

3° La privation de préau et la réclusion dans les chambres ou cellules pendant le temps du repos. On ne peut infliger la réclusion, pendant le repos, pour plus de douze jours;

4° La privation des vivres autres que le pain pendant trois jours consécutifs au plus, la ration de pain pouvant être augmentée, s'il y a lieu, sur l'avis du médecin. Cette punition n'est pas infligée à un détenu détaché sur un chantier extérieur lorsque ce détenu travaille. Un intervalle de deux jours doit toujours exister entre deux punitions de trois jours de privation de vivres autres que le pain;

5° La cellule de correction. Cette punition se subit par périodes de sept jours, séparées par un intervalle de quatre jours, et ne peut être infligée pour plus de quarante jours, c'est-à-dire pour quatre période de sept jours.

Pendant les périodes de sept jours, le détenu ne reçoit jamais la soupe du soir et ne reçoit celle du matin que le quatrième jour.

Pendant l'intervalle des quatre jours séparant chaque période, le détenu, qui reste en cellule, reçoit tous les jours la soupe du matin et jamais celle du soir.

Tous les détenus, à quelque catégorie qu'ils appartiennent, peuvent, en cas de fureur ou de violence grave susceptibles de les rendre dangereux pour eux-mêmes ou pour les autres, être mis en cellule avec fers. Lorsque ce moyen exceptionnel est employé, il en est rendu compte immédiatement, par la voie hiérarchique, au général commandant la subdivision.

Les détenus punis de cellule ne peuvent obtenir l'autorisation d'améliorer la nourriture réglementaire.

Toute visite de l'extérieur est interdite pour eux.

Art. 13. Une instruction ministérielle déterminera les mesures de détail nécessaires pour l'exécution du présent décret.

Art. 14. Le Ministre de la guerre est chargé de l'exécution du présent décret.

Instruction sur les établissements pénitentiaires militaires (1).

Paris, le 10 décembre 1900.

TITRE I.

ORGANISATION GÉNÉRALE DES ÉTABLISSEMENTS PÉNITENTIAIRES.

CHAPITRE I.

ÉTABLISSEMENTS PÉNITENTIAIRES. — RÉGIME. — RÉPARTITION DES CONDAMNÉS.

Destination des établissements pénitentiaires militaires.

Art. 1er. Les établissements pénitentiaires militaires sont destinés à recevoir les militaires condamnés par les conseils de guerre, qui ont à subir la peine de l'emprisonnement ou des

(1) Mis à jour par l'incorporation dans le texte des modifications qui y ont été apportées du 10 décembre 1900 au 1er octobre 1912.

travaux publics, soit par jugement, soit par commutation de peine, lorsque la condamnation qu'ils ont encourue ne les exclut pas de l'armée.

Ils comprennent :

1° Les prisons où sont, en principe, détenus les condamnés aux peines d'emprisonnement de courte durée et qui peuvent recevoir, en outre, diverses catégories de militaires spécifiés à l'article 4 ci-après;

2° Les pénitenciers qui reçoivent les condamnés à des peines d'au moins un an d'emprisonnement;

3° Les ateliers de travaux publics où sont réunis les hommes condamnés à cette peine.

Les pénitenciers et les ateliers de travaux publics reçoivent également les militaires de tout grade des corps de la marine, qui sont condamnés à plus d'un an de prison ou aux travaux publics.

Classification des détenus dans les établissements.

Art. 2. Tout en envisageant la répression des fautes, les efforts de l'autorité militaire doivent tendre au relèvement moral des détenus.

A cet effet, l'article 2 du décret du 26 février 1900 fixe les règles suivant lesquelles doit se faire le classement des condamnés. Les généraux gouverneurs militaires et les commandants de corps d'armée se conforment, pour la répartition desdits condamnés entre les divers établissements, aux indications de l'annexe jointe à la présente instruction.

Le rapporteur et l'agent principal émettent, à l'égard de tout condamné ayant encore au moins deux mois de peine à subir, un avis motivé en cas de demande d'envoi sur une prison où existe le régime cellulaire.

Lorsqu'un condamné, à raison de ses antécédents, de sa mauvaise conduite pendant la durée de la prévention, des circonstances particulières du crime ou du délit, ou de son attitude au cours de l'instruction et à l'audience, est reconnu particulièrement corrompu ou dangereux, il est signalé par le commissaire du gouvernement au commandant du corps d'armée au moyen d'un rapport à l'appui duquel sont joints les avis ci-dessus. Le commandant du corps d'armée décide alors, s'il le juge utile, l'envoi du condamné sur un établissement pourvu du régime cellulaire.

L'avis du commissaire du gouvernement et du rapporteur

n'est pas nécessaire quand il s'agit d'un condamné subissant une peine déjà en cours dans une prison à régime commun. Dans ce dernier cas, l'agent principal établit un rapport motivé tendant à l'envoi du condamné dans un établissement cellulaire. Ledit rapport est transmis par la voie hiérarchique au Ministre, qui statue.

Lorsque des prisons ou des pénitenciers détiennent simultanément des condamnés des deux catégories, ces catégories doivent y être nettement séparées, tant dans les locaux de la détention que dans ceux affectés au travail à l'intérieur de l'établissement ou sur les chantiers extérieurs.

Dans les prisons qui ont des condamnés soumis au régime cellulaire, leur séparation d'avec les autres catégories est absolument de rigueur à tout instant.

Enfin, dans les prisons, les condamnés sont séparés des prévenus, des passagers non condamnés et des détenus à titre disciplinaire.

Régime pénitentiaire.

Art. 3. A l'égard des condamnés, le régime pénitentiaire comporte le travail en commun pendant le jour, avec obligation du silence absolu, et, autant que possible, la réclusion cellulaire pendant la nuit.

Dans les prisons qui ont des condamnés soumis au régime cellulaire, si le travail ne peut se faire en cellule, on organisera toujours pour eux un atelier distinct de celui des condamnés au régime commun.

Les militaires détenus à titre préventif sont soumis à un régime distinct, comportant toutes les facilités nécessaires pour qu'ils puissent préparer leur défense; ils ne participent que sur leur demande au travail pénitentiaire, mais ils prennent part aux corvées de l'établissement. Ils ne peuvent être mis au secret que sur l'ordre du rapporteur et pour une durée maximum de dix jours; cet ordre peut être renouvelé, mais pour une nouvelle durée de dix jours au plus; en aucun cas, la durée du secret ne peut être prolongée au delà de vingt jours.

Lorsque des condamnés sont mis à nouveau en prévention de conseil de guerre, le régime des condamnés continue à leur être appliqué. Ils sont toutefois placés en cellule pour éviter tout contact avec les autres détenus. Cette mise en cellule est la seule mesure d'isolement qui puisse être pratiquée dans la prison; elle équivaut à la détention préventive à laquelle n'échappent pas les prévenus ordinaires.

Les hommes de troupe incarcérés dans les prisons à titre disciplinaire sont soumis au régime des hommes qui subissent la punition de prison au corps; le peloton de punition est commandé par un sous-officier du corps.

Dans le même cas, les officiers sont considérés comme étant aux arrêts de forteresse

Prisons.

Art. 4. En principe, sont internés dans les prisons les hommes qui ont été condamnés à une peine de moins d'un an et un jour d'emprisonnement et ceux qui, ayant été condamnés à une peine supérieure à un an de prison, ne doivent pas, à l'expiration de leur peine, être envoyés dans un bataillon d'infanterie légère d'Afrique.

Après l'incarcération, les changements individuels de prison à prison, de prison à pénitencier et réciproquement, ne peuvent être prononcés que par le Ministre, pour les détenus de l'intérieur, et par le général commandant le 19e corps, pour ceux de l'Algérie.

Les prisons militaires sont divisées en trois sections pouvant occuper des bâtiments séparés, savoir :

a) La maison de discipline recevant :

1° Les militaires de tous grades punis disciplinairement;

2° Les militaires extraits des différents corps et désignés pour les sections spéciales;

3° Les militaires voyageant sous l'escorte de la gendarmerie autres que ceux qui sont condamnés;

4° Les militaires arrêtés en absence illégale et dont la position n'est pas déterminée;

5° Les marins du commerce punis disciplinairement, lorsque le commandant d'armes en aura donné l'ordre sur la demande de l'autorité maritime.

b) La maison d'arrêt et de justice recevant :

1° Les militaires traduits devant les conseils de guerre;

2° Les condamnés voyageant sous escorte de la gendarmerie;

3° Les condamnés qui attendent soit l'exécution de leur jugement, soit une commutation de peine. Ces derniers ne doivent avoir aucune communication avec les détenus des catégories précédentes.

En Algérie et en Tunisie, les prisons militaires reçoivent, en outre, les prévenus indigènes (hommes et femmes) du territoire militaire justiciables des conseils de guerre. Les femmes sont rigoureusement isolées.

c) La maison de correction recevant :

Les officiers et hommes de troupe condamnés à l'emprisonnement, qui ne sont pas susceptibles d'être envoyés dans les pénitenciers.

Des locaux spéciaux sont toujours affectés aux officiers qui ont conservé leur grade.

A défaut de prison militaire, les militaires peuvent être renfermés dans les maisons d'arrêt des villes où, pour éviter toute communication avec les prisonniers de l'ordre civil, il leur est réservé un local particulier.

Pénitenciers et ateliers de travaux publics.

Art. 5. En principe, les pénitenciers reçoivent les condamnés à longue peine; ceux d'Algérie sont réservés aux condamnés des trois divisions et aux condamnés de l'intérieur qui doivent être envoyés ultérieurement aux bataillons d'infanterie légère.

Les ateliers de travaux publics sont installés hors de la métropole; les condamnés y sont employés à des travaux d'utilité publique et ne peuvent pas, à moins de commutation de peine, être envoyés dans une prison ou un pénitencier.

En Tunisie, un établissement pénitentiaire mixte, comprenant un pénitencier et un atelier de travaux publics, reçoit les condamnés provenant des corps stationnés dans la division d'occupation.

Tous les détenus des pénitenciers et des ateliers de travaux publics sont astreints au travail, soit à l'intérieur, soit sur des chantiers extérieurs.

CHAPITRE II.

COMMANDEMENT SUPÉRIEUR. — SURVEILLANCE ET ADMINISTRATION DES ÉTABLISSEMENTS PÉNITENTIAIRES.

Autorités dont relèvent les établissements pénitentiaires.

Art. 6. Les établissements pénitentiaires militaires relèvent, en ce qui concerne la police et la discipline, des gouverneurs militaires, des commandants de corps d'armée et des autorités militaires du territoire sur lequel ils sont situés.

Les commandants d'armes exercent sur lesdits établissements les attributions qui leur sont conférées par le décret portant règlement sur le service de place et celles qui résultent des divers articles de la présente instruction.

Surveillance des établissements pénitentiaires.

Art. 7. Quand une place comporte une prison qui n'est pas commandée par un officier, le commandant d'armes ou, par délégation, le major de la garnison, exerce, à l'égard de cet établissement, les attributions générales dévolues au commandant d'un établissement pénitentiaire; il surveille la gestion de l'ordinaire et l'administration des masses et vise les registres.

L'attention du commandant d'armes doit se porter particulièrement sur la régularité des incarcérations. Il doit visiter au moins une fois par mois ou faire visiter, par le major de la garnison, tous les détenus; les prévenus sont visités au moins une fois par mois par le rapporteur près le conseil de guerre ou son substitut.

A l'égard des pénitenciers et des ateliers de travaux publics, la surveillance du commandant d'armes doit s'exercer, d'une manière générale et sans entrer dans les détails d'exécution du service, sur l'application du régime pénitentiaire, et surtout sur le maintien de l'ordre.

Les généraux commandant les subdivisions et les généraux de division commandant le territoire doivent également surveiller, d'une manière générale, les établissements pénitentiaires de leur commandement, sous le rapport du régime intérieur et de la discipline. Ils reçoivent des commandants d'armes, lorsque ceux-ci leur sont subordonnés, le compte rendu de leurs observations, avec, s'il y a lieu, leurs propositions, et leur donnent les instructions qu'ils jugent utiles; de plus, ils visitent en personne et inopinément, autant que possible une fois par trimestre, chaque établissement, pour s'assurer que les règlements sont strictement appliqués, en se conformant, quand il y a des détachements, aux prescriptions de l'article 192 ci-après.

Les généraux commandants de corps d'armée doivent visiter au moins une fois par an, en personne, ou faire visiter par leur chef d'état-major, chacun des établissements pénitentiaires situés sur leur territoire.

Inspection générale des établissements pénitentiaires.

Art. 8. En outre des inspections courantes des autorités chargées de leur surveillance, les établissements pénitentiaires sont inspectés tous les ans par des inspecteurs généraux, dans les conditions fixées par l'instruction sur l'inspection générale du service de la justice militaire.

Administration des établissements pénitentiaires.

Art. 9. L'administration des pénitenciers et des ateliers de travaux publics est exercée dans chacun d'eux par un conseil d'administration.

Les prisons militaires sont administrées comme des sections formant corps.

CHAPITRE III.

COMPOSITION, ATTRIBUTIONS ET OBLIGATIONS DU PERSONNEL.

Composition du personnel.

Art. 10. La composition du personnel militaire affecté d'une manière permanente à chaque catégorie d'établissements pénitentiaires est donnée par les tableaux 3 et 4 de la série J annexée à la loi du 13 mars 1875 sur les cadres de l'armée.

Le personnel peut comprendre des officiers en retraite.

Le nombre des sous-officiers comptables et de surveillance, qui n'a pas été fixé par la loi, est déterminé d'après les règles suivantes :

Pénitenciers et ateliers de travaux publics.

Adjudant de surveillance : 1 dans les pénitenciers de France où l'effectif moyen ne dépasse pas 350 détenus; 2 en Algérie et dans les pénitenciers de France où l'effectif moyen dépasse 350 détenus.

Sergents-majors comptables : 2 jusqu'à 350 détenus; 3 au delà de 350 détenus.

Sergent concierge : 1 (peut être sergent-major).

Surveillants (un tiers du grade de sergent-major, deux tiers du grade de sergent) : 1 pour chaque fraction de 25 détenus.

Prisons.

Sergent-major comptable : 1 à partir de 80 détenus.

Surveillants : 1 sergent-major et 2 sergents. Au delà de 75 détenus, un troisième sergent.

Lorsque les dispositions du casernement, la nature du travail dans l'intérieur des établissements ou le nombre des détachements dans les chantiers extérieurs exigent une augmentation dans le personnel de surveillance, des propositions sont adressées au Ministre (Direction du Contentieux et de la Justice militaire; Bureau de la Justice militaire).

Attributions du personnel dans les ateliers de travaux publics et pénitenciers.

Attributions générales du commandant.

Art. 11. Le commandant exerce une surveillance active sur toutes les parties du service.

Il est « gardien » de l'établissement et, à ce titre, il est responsable de la régularité de l'écrou. Il peut, toutefois, déléguer à l'officier d'administration comptable la tenue et la signature des registres d'écrou et d'incarcération, mais il en conserve la responsabilité.

Il provoque toutes les mesures propres à assurer le bon fonctionnement des ateliers et l'emploi du plus grand nombre de détenus à des travaux intérieurs ou extérieurs.

Il a l'initiative et la responsabilité des mesures relatives à la discipline des détenus, à leur répartition sur les lieux de travail, à leur moralisation, à la police et à la sûreté de l'établissement et des détachements préposés à la garde des détenus.

Il soumet à l'approbation des gouverneurs militaires de Paris et de Lyon ou du général commandant le corps d'armée et du général commandant la division d'occupation de Tunisie, les consignes générales et permanentes relatives au service intérieur de l'établissement.

Il veille à la répression immédiate des fautes des détenus et à la poursuite des crimes et délits dont ils peuvent se rendre coupables, mais sans perdre de vue que le devoir des cadres est également de poursuivre sans relâche l'amendement et le redressement moral des détenus.

Il tient, en conséquence, la main à ce que l'on se conforme aux prescriptions de l'instruction morale et de la circulaire du

2 novembre 1902, et veille, en particulier, à ce que ses subordonnés apportent l'impartialité et la justice la plus absolues dans l'exercice de leur droit de punir. Il se fait, à cet effet, présenter, une fois par semaine, les hommes punis de privation d'achats de cantine, de privation de préau et de cellule; il entend, en présence de leurs chefs, les réclamations qu'ils auraient à formuler, soit au sujet des motifs de leurs punitions, soit au sujet du régime auquel ils sont soumis, fait droit aux réclamations fondées, écarte celles qui ne le sont pas, sans infliger de punition nouvelle lorsqu'elles paraissent avoir été réellement faites de bonne foi, et adresse à tous les observations et les conseils utiles. Chaque commandant de détachement doit procéder de la même manière et joindre au rapport hebdomadaire, prescrit par l'article 199, un compte rendu des réclamations produites et des suites données.

Le commandant de l'établissement adresse mensuellement au Ministre un rapport sur les événements survenus pendant le mois et un état de situation des détenus (modèles 1 et 2); il adresse au général commandant la subdivision un rapport journalier (modèle n° 3).

Action du commandant sur le personnel et l'administration.

Art. 12. Il tient, pour les officiers, des feuillets du personnel, du modèle en usage dans les corps de troupe, et, pour les sous-officiers, des feuillets du modèle annexé au présent règlement (n° 4), y mentionne toutes les punitions infligées, et, à la fin de chaque semestre, inscrit des notes sur leur conduite et leur manière de servir.

Il propose pour l'avancement et les décorations le personnel placé sous ses ordres.

Il préside le conseil d'administration. Il a la surveillance de l'ordinaire, visite fréquemment les cuisines et s'assure de la régularité des distributions.

Renseignements et propositions à fournir au sujet des détenus.

Art. 13. Il tient le registre de moralité des détenus (modèle 5) ainsi que leur feuillet mobile de punitions (modèle 6) destiné à suivre l'homme en cas de transfert dans un autre établissement pénitentiaire.

A la fin de chaque trimestre, il adresse au Ministre, par la voie hiérarchique, un état de moralité des détenus (modèle 7).

Il établit :

1° Les états de proposition concernant les détenus qui, par leur conduite, se sont rendus dignes de grâce ou de réduction de peine (modèles 8 et 9);

2° Les états de proposition relatifs à la destination à donner aux condamnés ayant terminé leur peine (modèles 10 et 10 *bis*);

3° Les feuille et notice individuelles concernant les condamnés astreints à l'interdiction de séjour (modèles n°s 10 *ter* et 10 *quater*).

Il notifie directement au parquet du conseil de guerre qui a prononcé la condamnation en vertu de laquelle l'homme a été écroué, les décisions gracieuses intervenues en sa faveur, afin d'assurer, conformément à l'article 2 du décret du 14 juin 1813, l'inscription de la décision en marge de la minute du jugement.

Il notifie directement aux procureurs de la République près le tribunal d'arrondissement du lieu de naissance des détenus nés en France, en Corse ou en Algérie, les mesures gracieuses intervenues en faveur des condamnés. Cette notification est faite au Ministre de la justice pour les détenus nés à l'étranger ou dans les colonies françaises transatlantiques (modèle 11).

Il fournit directement aux procureurs de la République qui lui en font la demande pour l'instruction des instances de réhabilitation des extraits des registres d'écrou et de moralité (modèle 12).

Attributions de l'officier adjoint au commandant.

Art. 14. L'officier adjoint est chargé, sous les ordres du commandant, de surveiller et d'assurer l'exécution de toutes les mesures de police et de discipline; son autorité s'exerce sur tous les sous-officiers et les détenus.

Il a la direction des ateliers de travail installés dans l'établissement; il s'assure que les sous-officiers se conforment aux prescriptions réglementaires pour la surveillance et la comptabilité du travail des détenus. Il assure le service de l'ordinaire sous la direction du commandant, veille à tous les détails d'achat, de réception et de distribution de denrées.

Il visite chaque jour les cuisines pour vérifier le mode de préparation des aliments, l'état du matériel, la tenue des cuisiniers, et demande, quand il y a lieu, le renouvellement des effets de cuisine.

Le commandement des détachements de détenus dont l'effectif est élevé peut lui être donné.

Il dirige les cours d'enseignement mutuel et assiste aux lectures à haute voix qui ont lieu les dimanches et fêtes et pendant les périodes de chômage.

Il remplit les fonctions d'officier de casernement.

Il désigne, sous l'approbation du commandant, les surveillants qui doivent être préposés aux services particuliers dans l'intérieur de l'établissement.

Il fournit aux sous-officiers surveillants les papiers et imprimés nécessaires pour établir les rapports qu'ils sont tenus de lui adresser.

En cas d'absence du commandant, il le remplace et jouit de la même autorité que lui.

Lorsque, par suite de circonstances exceptionnelles, le commandant et le lieutenant adjoint sont simultanément absents, le gouverneur militaire ou commandant de corps d'armée, le général commandant la division territoriale en Algérie, et le général commandant la division d'occupation de Tunisie désigne un officier du grade de capitaine pour exercer provisoirement le commandement du pénitencier ou de l'atelier de travaux publics.

Officier d'administration comptable.

Art. 15. L'officier d'administration comptable est chargé, sous l'autorité du commandant et sous la surveillance du conseil d'administration, du service des fonds et du matériel. Il rédige la correspondance du conseil d'administration.

Il a la garde des bijoux et objets de valeur retirés aux militaires lors de leur incarcération.

Il est chargé de la tenue de tous les registres de la comptabilité et du greffe.

Officier d'administration aide-comptable.

Art. 16. L'officier d'administration aide-comptable est placé sous les ordres du comptable de l'établissement qui l'emploie sous sa propre responsabilité, soit au service des fonds, soit au service du matériel, soit aux deux services à la fois.

Il supplée dans ses fonctions l'officier comptable, absent ou empêché; il le remplace en cas de vacance d'emploi.

Adjudant greffier et vaguemestre.

Art. 17. L'adjudant greffier est chargé spécialement, sous les ordres de l'officier d'administration comptable, de toutes les écritures du greffe.

Il remplit les fonctions de vaguemestre dans les conditions prévues par le décret sur le service intérieur. A cet effet, il est muni d'une commission établie en deux expéditions par le conseil d'administration de l'établissement et visée par le sous-intendant militaire.

Il tient un registre (modèle 14) destiné à recevoir l'inscription des fonds et des lettres chargées ou recommandées qui doivent être portées à la poste ou en être retirées.

La signature du directeur de la poste constate la recette du vaguemestre et celle de l'officier comptable opère sa décharge.

Le registre est coté et paraphé par le commandant, qui le vérifie et le vise au moins tous les quinze jours.

Il est également vérifié tous les mois par le sous-intendant militaire.

Chaque fois qu'il touche des fonds à la poste, le vaguemestre établit un bordereau (modèle 15) afin de faire le versement de ces fonds entre les mains de l'officier comptable.

Adjudant de surveillance.

Art. 18. L'adjudant de surveillance est chargé, sous les ordres de l'officier adjoint, d'assurer l'exécution de toutes les mesures d'ordre, de police et de discipline. A cet effet, son autorité s'exerce sur tous les détenus et sur les surveillants attachés à l'établissement.

Il établit une situation journalière (modèle 16) d'après les rapports qui lui sont faits par les surveillants.

Il peut être chargé de commander les détachements de détenus qui vont travailler sur des chantiers extérieurs.

Sous-officiers employés aux écritures.

Art. 19. Les sous-officiers attachés au bureau de l'officier d'administration pour être employés aux écritures sont exclusivement placés sous les ordres de l'officier d'administration comptable, pour ce qui concerne l'exécution du service spécial dont il est chargé. Mais ils sont soumis à l'autorité du commandant pour tout ce qui concerne la police intérieure de l'établissement et la discipline.

La durée du travail de bureau est fixée par le commandant, sur la proposition de l'officier comptable et d'après les besoins du service.

Sergents-majors et sergents surveillants.

Art. 20. Chaque établissement est divisé, en principe, en sections de 25 détenus commandées chacune par un sous-officier surveillant; la réunion de trois sections forme une division, à la tête de laquelle est placé un sergent-major qui est chargé, en même temps, du commandement d'une des sections.

Les sergents-majors procèdent aux appels, aux heures fixées par le commandant.

Concierge.

Art. 21. Un sous-officier surveillant est désigné pour remplir les fonctions de concierge. Il est changé tous les six mois.

Il ne doit, sous aucun prétexte, être détourné de son service spécial.

Moniteur général de l'école d'instruction élémentaire.

Art. 22. Un sous-officier, réunissant les conditions d'instruction et d'éducation nécessaires, pris dans l'effectif de l'établissement, est chargé, sous la direction de l'officier adjoint, des fonctions de moniteur général de l'école d'instruction élémentaire.

Surveillance des détenus.

Art. 23. Les surveillants de section sont chargés de la police, des soins de propreté et de salubrité, de l'exécution des ordres et consignes, des différentes corvées à faire exécuter par les détenus placés sous leur direction, et, en général, de tous les détails du service intérieur. Ils assistent à toutes les distributions faites aux condamnés de leur section.

Ils sont responsables disciplinairement : 1° des évasions imputables à leur négligence, sans préjudice des poursuites dont ils seraient passibles, en vertu des articles 237 et suivants du Code pénal; 2° des dégradations, dommages et dégâts de toute nature commis par les détenus, lorsqu'ils ne les ont pas signalés sur-le-champ au commandant de l'établissement.

Hors le cas de nécessité absolue pour s'opposer à une évasion, l'usage des armes n'est permis que dans le cas de légitime défense, alors que la vie du surveillant est en danger.

Action des sergents surveillants sur le travail des détenus.

Art. 24. Les sergents surveillants surveillent et constatent le travail des détenus dans les conditions spécifiées au titre II, chapitres 9 et 10, du présent règlement.

A la fin de chaque semaine, ils rendent compte au lieutenant adjoint ou au chef du détachement de la conduite tenue par les condamnés sous leur direction et signalent ceux qui se sont fait remarquer par leur zèle et leur docilité.

Interdiction de recevoir des dons des entrepreneurs.

Art. 25. Il est expressément interdit aux sous-officiers préposés à la surveillance d'un détachement ou d'un atelier de recevoir des entrepreneurs de main-d'œuvre pénitentiaire aucun don en argent ou en nature, d'agréer aucune promesse de don. Toute infraction à cette défense les rend passibles de poursuites devant le conseil de guerre, conformément à l'article 177 du Code pénal. Dans le cas où le délit ne paraît pas suffisamment caractérisé, le délinquant peut être envoyé devant un conseil d'enquête.

Heures de liberté des surveillants.

Art. 26. Après la fermeture des locaux affectés aux détenus, les surveillants qui ne sont pas de service peuvent sortir et rester en ville jusqu'à l'heure déterminée par le règlement sur le service intérieur des corps de troupe d'infanterie.

Dans les mêmes conditions, les surveillants mariés qui n'habitent pas dans l'établissement ne sont tenus de rentrer que le lendemain matin, à moins d'ordres contraires.

Permission bi-mensuelle des surveillants.

Art. 27. Les sous-officiers employés à la surveillance ont droit, tous les quinze jours, à une permission de vingt-quatre heures, à moins que leur conduite ne laisse à désirer.

Interdiction de toute familiarité avec les détenus.

Art. 28. Il est défendu expressément aux surveillants de manger ou de boire avec les détenus, de les tutoyer, de leur procurer de l'argent et de tolérer, par complaisance, aucune infraction aux règlements.

Attributions du personnel dans les prisons militaires.

Prisons comportant un officier commandant.

Art. 29. Dans les prisons qui sont commandées par un officier, les attributions générales de l'officier commandant sont analogues à celles du commandant d'un pénitencier; l'agent principal cumule les fonctions de l'officier adjoint au commandant et de l'officier d'administration comptable.

Le commandant adresse mensuellement au Ministre un rapport et un état de situation des détenus (modèles 1 et 2).

Prisons ne comportant pas d'officier commandant.

Art. 30. Dans les prisons qui ne sont pas pourvues d'un officier commandant et, où, conformément à l'article 8, les fonctions de commandant de la prison sont remplies par le commandant d'armes, ou par délégation par le major de la garnison, l'adjudant agent principal, en outre des attributions qui lui sont dévolues par l'article précédent, administre la prison et exerce, sous l'autorité du commandant désigné, toutes les fonctions indiquées aux articles 11, 12 et 13; il doit prendre l'initiative de toutes les mesures visées par ces articles, mais il doit soumettre ces mesures, ainsi que les notes, propositions et états à transmettre au Ministre, à l'approbation du commandant désigné.

En cas d'absence de l'agent principal, celui-ci est remplacé par l'adjudant greffier. Si ces deux sous-officiers viennent à manquer simultanément, ils sont remplacés provisoirement par le sergent-major comptable ou à défaut par un adjudant détaché d'un corps de la garnison et il en est rendu compte immédiatement au Ministre.

Adjudant greffier.

Art. 31. L'adjudant greffier est chargé spécialement, sous la surveillance et la responsabilité de l'agent principal, de la tenue des registres d'écrou ainsi que de toutes les écritures du greffe.

Il seconde l'agent principal pour la tenue de la comptabilité.

Sergent-major surveillant.

Art. 32. Le sergent-major surveillant est chargé, sous les ordres de l'agent principal, de l'exécution des mesures d'ordre, de police et de discipline.

A cet effet, son autorité s'exerce sur les surveillants et les détenus.

Il assiste aux appels de la journée. Il dirige les ateliers, distribue le travail et s'assure que les sergents surveillants se conforment aux prescriptions réglementaires pour la constatation du travail fourni par chaque détenu.

Lorsque l'importance des ateliers justifie cette mesure, le sergent-major surveillant directeur des ateliers peut être dispensé du service de nuit.

Il remplit les fonctions de moniteur général de l'école et de vaguemestre.

Sous-officiers surveillants et employés aux écritures.

Art. 33. Ces sous-officiers ont les mêmes attributions que ceux des ateliers et des pénitenciers; les surveillants sont placés sous la direction immédiate de l'agent principal, les commis aux écritures sous la direction de l'adjudant greffier; l'ensemble du personnel demeurant sous les ordres de l'agent principal.

CHAPITRE IV.

BATIMENTS.

Organisation des bâtiments pénitentiaires.

Art. 34. Les bâtiments et locaux des établissements pénitentiaires ressortissent au service du casernement et sont soumis aux règlements qui le concernent. Ils sont construits et entretenus par le service du génie.

Leur organisation est effectuée, dans chaque cas particulier, sur les bases fixées par le Ministre.

Suivant leur nature et leur destination, les établissements pénitentiaires doivent renfermer, autant que possible, les constructions et aménagements indiqués ci-après :

A) Le service de l'administration;
B) La détention;
C) Les cellules de correction;
D) L'infirmerie et ses dépendances.

A) Locaux à affecter au service de l'administration :

1° Le corps de garde;
2° La guicheterie;
3° Le greffe;
4° La bibliothèque et les archives;
5° Une salle pour les avocats;
6° Un parloir;
7° Une cuisine et ses dépendances;
8° Les magasins;
9° Le bureau des officiers comptables ou de l'agent principal;

10° La salle des rapports ou le bureau de l'officier commandant l'établissement;

11° Les logements du personnel de surveillance et d'administration;

12° Une buanderie.

B) Les locaux à attribuer à la détention doivent comprendre, ainsi qu'il est dit à l'article 4 :

a) Les locaux de la maison de discipline;

b) Les locaux de la maison d'arrêt et de justice;

c) Les locaux de la maison de correction.

Les locaux de la maison de correction sont aménagés de manière à séparer autant que possible les condamnés pour crimes et délits punis par les lois pénales ordinaires, des condamnés pour crimes et délits purement militaires et à isoler dans chaque catégorie les récidivistes.

La détention doit, en outre, comprendre :

1° Des chambres pour les officiers;

2° Une chapelle;

3° Un réfectoire;

4° Une salle d'études;

(A défaut de salles séparées et seulement dans cette situation, une même pièce peut être affectée à ces trois services; dans ce cas, une cloison convenablement disposée masque l'autel);

5° Des ateliers;

6° Des magasins pour recevoir les matières premières et les objets ou effets confectionnés;

7° Des lavabos et une salle de bains par aspersion;

8° Des cours avec préaux couverts;

9° Des urinoirs et latrines.

C) Les locaux de correction comprennent des cellules spéciales établies, en principe, à raison de 5 p. 100 du nombre des cellules de la détention ordinaire; cette proportion peut être augmentée dans les pénitenciers et ateliers de travaux publics de l'Algérie et de la Tunisie.

D) Le bâtiment de l'infirmerie doit être pourvu, en outre, des locaux nécessaires aux malades, dont l'effectif peut être évalué à 2 1/2 p. 100 du nombre de détenus que l'établissement est appelé à recevoir, d'une salle de visite, d'une salle de bains et de tous les autres accessoires nécessaires.

Cellules de détention et de correction.

Art. 35. Chaque cellule doit avoir au moins 2m,30 de longueur sur 1m,80 de largeur et 3 mètres de hauteur.

Elles sont numérotées suivant des séries continues et distinctes, savoir :

1° Pour la détention ordinaire;

2° Pour la correction.

Les portes de toutes les cellules doivent être garnies de moyens de fermeture suffisants; au milieu de ces portes est pratiqué un guichet grillé s'ouvrant et se fermant en dehors.

Elles sont également pourvues d'un encadrement fixe à coulisseau destiné à recevoir la carte signalétique mobile du détenu.

Blanchissage des locaux occupés par les détenus.

Art. 36. Les murs des parties intérieures des établissements qui sont occupés par les détenus sont grattés et blanchis à la chaux tous les ans, ou plus souvent si le besoin en est reconnu et constaté.

Mesures à prendre pour prévenir et combattre les incendies.

Art. 37. Les mesures à prendre pour prévenir les incendies sont, en grande partie, subordonnées à la situation de l'établissement et à la disposition particulière des locaux; les mesures dont il s'agit doivent donc être discutées et arrêtées dans chaque cas particulier de concert entre le commandant d'armes, le chef du génie et le chef de l'établissement. Ces dispositions font l'objet d'une consigne détaillée qui est affichée dans plusieurs endroits apparents de l'établissement. Le personnel chargé d'assurer l'exécution de cette consigne doit être bien pénétré des mesures qu'elle contient et du rôle qui lui incombe en cas de sinistre.

Les dispositions ayant un caractère général et permanent, dont l'application doit être faite partout où il y a lieu, sont les suivantes :

Surveillance active et bien entendue; rondes; entretien de provision ou de prises d'eau convenablement disposées; constitution d'un matériel spécial propre à combattre un commencement d'incendie; personnes à prévenir en cas d'incendie; mise à l'abri des détenus, leur emploi à l'extinction du feu; mesures contre les évasions.

TITRE II.

FONCTIONNEMENT DES ÉTABLISSEMENTS PÉNITENTIAIRES.

CHAPITRE I.

ADMISSION ET SORTIE DES DÉTENUS. — GRACES ET RÉDUCTIONS DE PEINES. — RÉPARTITION DES CONDAMNÉS.

§ 1er. — *Dispositions générales.*

Pièces requises pour l'incarcération dans les établissements pénitentiaires.

Art. 38. L'officier qui commande un établissement pénitentiaire, ou l'adjudant agent principal qui le dirige, est le « gardien » de cet établissement et personnellement responsable, à ce titre, de l'incarcération et de l'écrou.

En principe, un militaire ne doit être « écroué » que s'il est sous le coup d'un mandat de dépôt ou d'arrêt ou d'un jugement portant condamnation.

Dans tous les autres cas, il ne peut être que simplement « incarcéré » à titre disciplinaire.

Les passagers sont écroués ou incarcérés selon qu'ils appartiennent à l'une ou l'autre de ces catégories.

Le gardien ne doit incarcérer aucun militaire sans la production d'une des pièces suivantes :

Pour les militaires de l'armée active ou de la réserve ayant à accomplir une punition disciplinaire, un bulletin de l'autorité qui a prononcé la punition, visé par le commandant d'armes pour exécution dans la prison. Pour les inculpés de tout grade, un ordre écrit du commandant de la circonscription territoriale, prescrivant, jusqu'à nouvel ordre, l'incarcération à titre disciplinaire, ou un mandat d'amener signé par le rapporteur du conseil de guerre et visé par le commandant d'armes, ou un procès-verbal d'arrestation signé d'un agent de la gendarmerie ou d'un officier de police judiciaire et visé par le commandant d'armes.

Le gardien ne doit écrouer aucun militaire sans la production d'une des pièces suivantes :

a) Pour les prévenus, un mandat de dépôt ou d'arrêt, lequel devra être visé par le commandant d'armes si l'inculpé n'a pas déjà été mis, par mandat d'amener, à la disposition de la justice;

b) Pour les condamnés à écrouer dans la maison de correction d'une prison ou dans un pénitencier ou un atelier de travaux publics, un extrait du jugement et de l'ordre de transfèrement, s'il y a lieu.

Les passagers sont incarcérés ou écroués sur la production de l'ordre de conduite de la gendarmerie.

Le passage d'un détenu d'une catégorie dans une autre sans quitter l'établissement (par exemple puni disciplinairement qui devient inculpé, ou prévenu qui est condamné) entraîne l'inscription de ce détenu sur le registre afférent à sa nouvelle position, lors de la production des pièces exigées pour cette catégorie correspondante.

Tout détenu qui change de situation (passager devenant inculpé, prévenu passant dans la catégorie des condamnés. etc.) est rayé du registre sur lequel il figurait, pour être reporté sur le registre afférent à sa nouvelle situation. Les prévenus condamnés qui doivent être transférés sur un autre établissement sont reportés au registre d'écrou des condamnés et non à celui des passagers. Ce changement d'inscription a lieu dès que les pièces nécessaires parviennent, lors même que le détenu doit quitter l'établissement; il n'est fait d'exception qu'à l'égard des condamnés mis en liberté après jugement par application de la loi de sursis.

Lorsque des insoumis laissés en liberté provisoire sont condamnés, ils sont incarcérés sur la production d'un ordre d'écrou délivré par le général commandant la circonscription territoriale après le prononcé du jugement; ils sont alors inscrits sur le registre d'écrou des prévenus, où ils continuent de figurer tant que le jugement n'est pas devenu définitif.

Dispositions relatives à l'incarcération et à l'écrou.

Art. 39. Le « gardien » de chaque établissement est seul responsable de la tenue des registres d'écrou et d'incarcération, mais il peut, comme il a été dit à l'article 11 ci-dessus, déléguer la tenue et la signature de ces registres à l'officier d'administration comptable dans les établissements qui en comportent un, sans que cette délégation dégage sa responsabilité.

Toute incarcération faite sans l'accomplissement des formalités prescrites à l'article qui précède et dans le présent article, constitue le délit de détention arbitraire prévu par l'article 609 du Code d'instruction criminelle.

Il est tenu dans chaque prison militaire :

a) Un registre d'incarcération pour les militaires punis disciplinairement (modèles 17 et 17 *bis*), coté et parafé par le commandant d'armes;

b) Un registre d'écrou pour les prévenus (modèles 18 et 18 *bis*), coté et parafé par le rapporteur du conseil de guerre;

c) Un registre d'écrou pour les condamnés (modèles 18 et 18 *bis*), coté et parafé par le commandant d'armes;

d) Un registre de passage pour les passagers (modèles 17, 17 *bis* et 18 *bis*), coté et parafé par le commandant d'armes. Le registre des passagers est divisé en deux parties : la première est affectée aux passagers condamnés qui, seuls, peuvent être écroués. La deuxième est affectée aux militaires non condamnés voyageant sous escorte et qui sont simplement incarcérés.

Dans les pénitenciers et les ateliers de travaux publics, il n'est tenu que le registre d'écrou afférent aux condamnés.

Lors de l'arrivée de tout individu dans un établissement pénitentiaire, l'agent qui l'amène est tenu, avant de le remettre, de faire inscrire sur le registre de la catégorie correspondante l'acte dont il est porteur, avec les nom, prénoms, date et lieu de naissance, signalement, grade et corps de l'intéressé. L'acte de remise est écrit devant lui; le tout est signé tant par lui que par le gardien; celui-ci lui en remet une copie signée pour sa décharge.

Aussitôt après l'accomplissement de ces formalités, l'homme est incarcéré et le gardien fait établir immédiatement la carte mobile qui doit être placée sur la porte de sa cellule et indiquant ses nom et prénoms, son numéro sur le registre où il est inscrit, le motif de son internement et, selon le cas, la durée et la date d'expiration de sa peine.

En cas d'incarcération dans une prison en vertu d'un mandat d'amener ou d'un procès-verbal d'arrestation de la gendarmerie ou d'un officier de police judiciaire, le gardien avise immédiatement le rapporteur près le conseil de guerre de l'heure de l'entrée de l'inculpé dans la prison.

Pour les hommes des corps de la marine internés dans les pénitenciers ou les ateliers de travaux publics, le gardien adresse au Ministre de la marine l'avis d'écrou joint à l'extrait de jugement.

Le chef d'escorte fait remise au commandant de l'établissement d'un inventaire des effets et objets apportés par l'homme (modèle 19).

Fouille des prisonniers.

Art. 40. Dès qu'il a été procédé aux formalités prescrites pour l'incarcération ou l'écrou, le portier doit procéder à la fouille du prisonnier à quelque catégorie qu'il appartienne.

L'argent et les objets saisis sur le prisonnier sont remis au greffe; le commandant de l'établissement détermine quels sont les objets qui peuvent être laissés au détenu et ceux qui lui seront définitivement retirés; ces derniers sont déposés entre les mains du comptable ou de l'agent principal, qui les porte sur le registre d'inventaire (modèle 20), en faisant émarger le détenu. On ne doit, en aucun cas, laisser entre les mains d'un détenu, quel qu'il soit, des objets, même de toilette, pouvant se prêter à un usage nuisible.

L'inventaire des espèces et des objets saisis sur les prévenus est communiqué au rapporteur du conseil de guerre et au commissaire du gouvernement, qui peuvent se faire présenter ces objets.

Dès que les formalités de l'incarcération ou de l'écrou ont été remplies, le prisonnier est présenté au médecin, qui décide s'il peut être soumis au régime commun ou s'il y a lieu de l'envoyer à l'infirmerie. En cas d'absence du médecin, le détenu est isolé dans une cellule d'attente.

Destination à donner aux objets saisis.

Art. 41. Les objets et l'argent saisis sur les hommes punis disciplinairement leur sont rendus lors de leur sortie.

Il en est de même des objets saisis sur les prévenus lorsqu'ils sont acquittés et de l'argent dont ils n'auraient pas demandé le versement à leurs fonds particuliers ou de l'argent qui subsisterait à ces fonds.

En cas de condamnation, si l'homme est maintenu à l'établissement, les objets saisis sont conservés par la prison pour lui être rendus à sa sortie ou recevoir telle destination qu'il indiquera; l'argent saisi est versé d'office à son fonds particulier, mais réservé, de même que le reliquat de cet argent déjà versé aux fonds particuliers, mais non dépensé. Avis de l'existence de cette somme et de son origine est donné au percepteur de la localité pour la délivrance d'une contrainte. Si le détenu est transféré dans un autre établissement, les objets sont vendus pour le prix en être versé à son fonds particulier, ou sont adressés, à ses frais, à la personne qu'il désignera.

Toutefois, en cas de condamnation à une peine d'une durée

inférieure à trois ans, les objets saisis pourront, sur la demande de l'intéressé, être adressés à ses frais à l'établissement destinataire pour lui être remis à sa sortie. L'argent est, dans tous les cas, adressé à cet établissement pour être versé au fonds particulier.

Mensurations anthropométriques.

Art. 42. Dans les prisons militaires, les procédés de mensuration anthropométrique sont appliqués, aussitôt après l'accomplissement des formalités d'écrou, aux militaires condamnés, à l'exception toutefois de ceux condamnés pour délits militaires autres que la désertion et l'insoumission. Le bénéfice du sursis à l'accomplissement de la peine ne dispense pas de la mensuration.

Indépendamment du signalement anthropométrique proprement dit, il est établi une fiche alphabétique en double exemplaire. En fin de mois, le signalement anthropométrique, accompagné de l'une des fiches alphabétiques, est adressé au ministère de la guerre (Direction du Contentieux et de la Justice militaire; Bureau de la Justice militaire) sans bordereau d'envoi; l'autre fiche alphabétique suit le condamné en cas de changement d'établissement et est conservée par l'établissement qui le libère.

Les imprimés de l'anthropométrie sont tirés de l'approvisionnement de la préfecture de police et fournis gratuitement aux établissements par l'administration centrale de la guerre.

Tous les sous-officiers de chaque prison, y compris le greffier et l'agent principal, doivent être à même de dresser un signalement anthropométrique.

Le major de la garnison développe par tous moyens, tels que l'assistance périodique aux opérations pratiquées dans la prison civile (1), l'habileté professionnelle des sous-officiers à la mensuration. Semestriellement, après s'être pourvu des fiches alphabétiques et anthropométriques de quelques condamnés présents, il fait procéder sous ses yeux et séparément, par chacun des sous-officiers, au contrôle des signalements, de façon à juger du degré de concordance obtenu. Dans l'établissement du travail

---

(1) Par dépêche circulaire du 24 septembre 1906, M. le Ministre de l'intérieur a donné les ordres nécessaires pour que l'agent principal de chaque prison militaire de l'intérieur soit autorisé à se concerter avec le gardien-chef de la maison d'arrêt et de correction située dans la même ville, en vue des dispositions à arrêter à ce sujet, sous le contrôle du directeur de la circonscription pénitentiaire.

annuel d'avancement, les connaissances anthropométriques des sous-officiers des prisons militaires font l'objet d'une note spéciale.

Dispositions relatives à la sortie.

Art. 43. Les registres d'écrou ou d'incarcération doivent, au fur et à mesure, recevoir l'inscription des dates de sortie et de la destination donnée aux prisonniers, et la transcription en marge de l'acte de remise, de l'ordre de transfèrement, de l'ordonnance de non-lieu, de l'arrêt ou du jugement, en vertu duquel la sortie a lieu.

Le registre d'écrou des condamnés reçoit également la mention des réductions de peine ou grâces accordées, ou des condamnations nouvelles encourues pendant la détention.

A moins d'un acte justifiant l'entrée du détenu dans une autre catégorie du même établissement ou son transfert dans un autre établissement, aucun détenu ne peut sortir :

a) S'il est puni disciplinairement, que sur un ordre écrit de l'autorité qui a ordonné l'incarcération, visé par le commandant d'armes, ou à l'expiration d'une punition à durée limitée;

b) S'il est prévenu, que sur une ordonnance de mise en liberté provisoire signée du rapporteur et du commissaire du gouvernement et visée par le commandant d'armes, ou sur une ordonnance de non-lieu signée par le commandant de la circonscription territoriale, ou sur un jugement du conseil de guerre prononçant l'acquittement et la mise en liberté de l'inculpé;

c) S'il est condamné, qu'à l'expiration de la peine encourue.

Les passagers ne peuvent sortir que sur la réquisition du chef d'escorte qui les a amenés, appuyée de l'ordre de conduite.

La sortie est constatée sur le registre par la signature du porteur de l'ordre d'extraction ou par la signature du gardien de l'établissement, en cas de libre sortie par expiration de peine.

Sortie temporaire des détenus envoyés aux hôpitaux.

Art. 44. Lorsqu'un militaire détenu est envoyé à l'hôpital, il y est conduit sous escorte et il est admis dans la salle des consignés sur la présentation par le chef de l'escorte d'un billet d'hôpital du modèle réglementaire délivré par le médecin et signé par le commandant de l'établissement.

Les prévenus et accusés ne peuvent pas être envoyés à l'hôpital sans l'autorisation du rapporteur du conseil de guerre, dont la signature doit figurer sur le billet d'hôpital.

L'officier d'administration préposé aux entrées délivre au commandant de l'escorte un récépissé du détenu.

L'entrée à l'hôpital doit être mentionnée sur le contrôle annuel (modèle 21) et sur le rapport journalier; elle n'est pas portée sur le registre d'écrou ou d'incarcération.

Lorsque le détenu doit sortir de l'hôpital, le commandant, sur la réception du bulletin de sortie, demande l'escorte nécessaire pour aller le chercher.

Le chef de l'escorte, après que l'homme a été mis à sa disposition, signe une déclaration pour la décharge de la responsabilité de l'hôpital.

La rentrée du détenu est mentionnée sur le contrôle annuel et sur le rapport journalier.

Détenus décédés.

Art. 45. En cas de décès à l'établissement, le commandant de l'établissement fait application des mesures prescrites à l'article 66 du règlement sur le service de santé. (Dispositions spéciales, en cas de décès au corps.)

Le décédé est rayé sur le registre d'écrou, où le gardien transcrit l'extrait de l'acte de décès.

En cas de décès à l'hôpital, le bulletin de décès est, sur-le-champ, adressé au commandant de l'établissement pénitentiaire, qui envoie un agent pour reconnaître le décédé : le décédé est rayé du registre d'écrou, dans les mêmes conditions que pour le décès à l'établissement.

A l'égard des hommes décédés sur des chantiers extérieurs en des localités trop éloignées pour que le corps ait pu être transporté dans un hôpital, le conseil d'administration adresse au Ministre (Bureau des Archives) un extrait de l'acte de décès délivré sur papier libre par l'officier d'état civil.

Sortie temporaire des détenus appelés devant un conseil de guerre.

Art. 46. Quand un détenu est appelé à comparaître, soit comme inculpé, soit comme témoin, devant le rapporteur ou devant le conseil de guerre, le rapporteur, le commissaire du gouvernement ou le président du conseil de guerre, selon le cas, décerne un mandat d'extraction (formule n° 4 des imprimés spéciaux aux tribunaux militaires) enjoignant au commandant de l'établissement de le faire conduire sous escorte au parquet ou au conseil de guerre, puis de le réintégrer.

Le chef d'escorte est personnellement responsable du prévenu jusqu'à sa réintégration.

Si la sortie et la rentrée ont lieu le même jour, elles ne sont inscrites que sur le rapport journalier. Si elles n'ont pas lieu le même jour, on les inscrit, en outre, au contrôle annuel. Elles ne sont pas mentionnées au registre d'écrou ou d'incarcération.

Détenus évadés.

Art. 47. En cas d'évasion d'un militaire détenu à un titre quelconque dans un établissement pénitentiaire, le commandant de l'établissement fait faire aussitôt toutes les recherches en son pouvoir pour le retrouver et prend toutes les mesures utiles pour assurer son arrestation. Il se concerte à cet effet avec les autorités civiles et militaires du lieu de garnison. Il procède en même temps à une enquête pour déterminer exactement les circonstances de l'évasion et il en établit un rapport spécifiant le jour où a été constatée l'absence de l'évadé.

Si l'évadé n'a pas été repris avant l'expiration des délais de grâce ou de repentir accordés par les articles 231, 233, 234 et 235 du Code de justice militaire, il est déclaré déserteur, à moins qu'il ne soit insoumis, qu'il soit détenu à titre disciplinaire ou préventif ou comme condamné.

Pour les évadés détenus à titre disciplinaire ou préventif, le commandant de la prison avise immédiatement le chef de corps, qui est chargé d'envoyer le signalement aux autorités compétentes et de porter la plainte en désertion; l'évadé est aussitôt rayé du registre d'incarcération.

Pour les condamnés évadés de l'établissement ou de l'hôpital, le commandant de l'établissement pénitentiaire opère comme le chef de corps. Il envoie le signalement et les bulletins de recherche et établit, s'il y a lieu, ultérieurement, la plainte en conseil de guerre. L'évadé continue à figurer sur le registre d'écrou jusqu'à ce qu'il soit repris ou décédé, ou que la prescription lui soit acquise. L'évasion est mentionnée sur le contrôle annuel.

Le détenu qui s'évade pendant son transfert d'un établissement pénitentiaire à un autre établissement, ou pendant son envoi à un corps de troupe après sa sortie de prison, est poursuivi par les soins du commandant de l'établissement ou du corps destinataire.

Détenus réformés.

Art. 48. Les détenus des établissements pénitentiaires atteints d'infirmités les rendant impropres au service militaire peuvent être réformés dans les conditions ordinaires.

Les propositions sont établies par le corps d'origine sur la demande du commandant de l'établissement, si le détenu est incarcéré à titre disciplinaire ou préventif; si le détenu est un condamné, la proposition est établie par le commandant de l'établissement.

La réforme, quand elle est prononcée, ne porte son effet qu'à partir de la sortie de l'établissement pénitentiaire; le détenu réformé est, en principe, conservé dans l'établissement jusqu'à l'expiration de sa punition ou de sa peine, selon qu'il est détenu à titre disciplinaire ou comme condamné. Toutefois, des propositions de remise du restant de la punition ou de la peine peuvent être adressées par le commandant de l'établissement à l'autorité qui a ordonné la punition pour les détenus à titre disciplinaire et au Ministre pour les condamnés.

§ 2. — *Dispositions spéciales aux militaires incarcérés dans les prisons par mesure de discipline.*

Sortie des militaires ayant accompli une punition disciplinaire.

Art. 49. Les militaires qui ont à accomplir une punition disciplinaire sont, à moins d'ordre contraire, renvoyés librement par le commandant ou agent principal dès que leur punition est terminée : avis de l'exécution de leur punition est donné à l'autorité qui l'avait prononcée. Si une destination spéciale doit être donnée à ces militaires à l'expiration de leur punition, par exemple s'ils ne doivent pas être renvoyés à leur corps, il appartient à l'autorité qui a ordonné la punition de le faire savoir au commandant ou à l'agent principal, au moment de l'incarcération, et de lui indiquer sur quel corps le militaire devra être dirigé et s'il devra s'y rendre librement ou être conduit par la gendarmerie; le commandant ou l'agent principal prend alors des mesures en conséquence et délivre une feuille de route aux détenus.

§ 3. — *Dispositions spéciales aux militaires détenus dans les prisons à titre préventif.*

Avis à donner par le commissaire du gouvernement au commandant de la prison, des condamnations prononcées.

Art. 50. Dès qu'un jugement a été rendu contre un détenu en prévention, le commissaire du gouvernement doit en aviser le commandant de l'établissement ou l'agent principal, afin de permettre à celui-ci de prendre toutes les dispositions que comporte la condamnation prononcée.

Inculpés acquittés ou absous par le conseil de guerre.

Art. 51. Le détenu acquitté doit être mis en liberté dès que les formalités de la levée d'écrou ont été remplies, et au plus tard dans les vingt-quatre heures qui ont suivi le prononcé du jugement, à moins qu'il ne soit retenu pour autre cause.

Le détenu absous doit être mis en liberté à l'expiration du délai fixé pour le recours en revision, à moins qu'il ne soit retenu pour autre cause.

Dispositions à prendre à l'égard des inculpés en cas de condamnation.

Art. 52. Les inculpés condamnés sont conservés dans la prison jusqu'au moment de l'exécution du jugement.

Si le détenu est condamné à mort ou à une peine infamante, il est mis aussitôt en cellule et séparé des autres détenus, même aux heures de promenade dans le préau; des précautions spéciales doivent être immédiatement prises pour l'empêcher d'attenter à ses jours. Ces précautions sont également prises pour les détenus condamnés à la peine des travaux publics, et au moment où les condamnés qui ont à subir la parade d'exécution y sont conduits.

Les condamnés à mort doivent être l'objet d'une surveillance particulière; ils reçoivent dans leur cellule, en présence d'un sous-officier, les visites des personnes admises à les voir.

L'agent principal est tenu, sous sa responsabilité personnelle, de recevoir les déclarations des condamnés qui sont dans l'intention de se pourvoir en revision ou en cassation. Il dresse immédiatement l'acte portant déclaration du recours (formule n° 22 des imprimés spéciaux aux tribunaux militaires) et le transmet aussitôt au greffe du conseil de guerre, qui en délivre récépissé.

Il transmet également les recours en grâce formés par les condamnés.

Lorsqu'un militaire ayant encouru, devant un tribunal ordinaire, une condamnation prononcée avec application de la loi de sursis, est écroué dans un établissement pénitentiaire militaire en vertu d'une nouvelle condamnation émanée d'un conseil de guerre pour un délit de droit commun lui faisant perdre le bénéfice du sursis, le commissaire du gouvernement le signale au commandant du corps d'armée, qui donne l'ordre de le remettre à l'autorité civile pour purger d'abord la peine antérieure.

§ 4. — *Dispositions concernant les condamnés.*

Mise en route des condamnés sur les divers établissements pénitentiaires.

Art. 53. Dès que les formalités prescrites par le Code de justice militaire pour l'exécution des jugements ont été remplies, les condamnés sont dirigés, dans le plus bref délai possible, sur l'établissement pénitentiaire où ils doivent subir leur peine.

Le Ministre fait connaître les prisons et pénitenciers où doivent être dirigés, en principe, les condamnés à l'emprisonnement de chaque région de corps d'armée.

Les condamnés qui doivent subir leur peine en France sont dirigés sur les divers établissements de l'intérieur par les soins du général commandant le corps d'armée.

Les généraux commandants de corps d'armée dirigent sur le port d'embarquement désigné par le Ministre, les condamnés qui doivent subir leur peine dans un pénitencier d'Algérie ou dans un atelier de travaux publics.

Ils avisent le général commandant le 19e corps et lui adressent tous les renseignements utiles sur la situation pénale et les antécédents des condamnés.

Le général commandant le 19e corps d'armée, d'après ces renseignements, arrête la répartition des condamnés entre les divers établissements pénitentiaires d'Algérie et la notifie aux généraux commandant les 15e et 16e corps, qui assurent, chacun en ce qui le concerne, l'embarquement des condamnés pour le port le plus proche de l'établissement auquel ils sont affectés.

Pour les condamnés de la marine qui doivent subir leur peine dans un établissement pénitentiaire de la guerre, l'exécution du jugement a lieu dans les conditions ci-dessus, à la diligence du commandant du corps d'armée sur le territoire duquel siège le conseil de guerre maritime ayant prononcé la condamnation.

Transfèrement des condamnés.

Art. 54. La gendarmerie est chargée de la translation des condamnés.

Aucun condamné ne doit être mis en route sans avoir été visité et reconnu en état de supporter les fatigues du voyage.

Pendant la route, les condamnés sont déposés dans les prisons militaires ou civiles, ou, à défaut, dans la chambre de sûreté de la caserne de gendarmerie. Il est expressément ordonné de ne laisser séjourner les militaires dans les prisons de passage que le temps strictement nécessaire; la surveillance des officiers de gendarmerie doit être incessante à cet égard.

Les prescriptions relatives au transfèrement des condamnés figurent dans le règlement sur le service de la gendarmerie (1) et font l'objet de l'article 59 ci-après.

Arrivée des condamnés dans l'établissement qui doit les recevoir.

Art. 55. A l'arrivée dans l'établissement qui doit le recevoir définitivement, le condamné est écroué dans les conditions indiquées par les articles 38 à 42 ci-dessus. L'agent qui a remis le condamné rend compte de l'incarcération à l'autorité du point de départ qui a mis le condamné en route, en lui adressant une copie du procès-verbal de remise.

Il est accordé, en principe, un repos de quarante-huit heures à tout condamné écroué à titre définitif.

Le jour ou le lendemain de son arrivée, le condamné prend un bain de propreté et est présenté à la visite du médecin de l'établissement.

Le condamné reçoit, le jour même, la tenue que comporte l'établissement.

Propositions de grâce et de réduction de peine.

Art. 56. Les condamnés qui se conduisent bien pendant leur séjour dans les établissements pénitentiaires peuvent être proposés pour des grâces ou des réductions de peine, quand ils ont accompli au moins la moitié de la peine qui leur a été infligée, soit par jugement, soit par commutation. Toutefois, il peut être fait exception à ces conditions de temps en faveur des condamnés qui se sont signalés par des actes de courage, de dévouement ou de probité, etc.

---

(1) Décret du 20 mai 1903 (E. M., vol. 39), titre II, chapitre IV.

Les propositions sont établies, en principe, deux fois par an.

Les états de proposition (modèle n° 8) doivent parvenir au Ministre, au plus tard, le 1er avril et le 1er octobre de chaque année; ils sont divisés de la manière suivante :

1° Les condamnés ayant subi la moitié de leur peine et proposés pour grâce;

2° Les condamnés ayant subi la moitié de leur peine et proposés pour réduction de peine seulement;

3° Les condamnés ayant plus de dix ans de peines à subir et méritant d'être proposés pour une réduction après avoir accompli cinq ans de leur peine.

En outre, des propositions de grâce peuvent être adressées au Ministre à toute époque de l'année, en faveur des condamnés à l'emprisonnement pour une durée de six mois à un an inclus et qui ont subi la moitié de leur peine. Cette mesure n'est applicable qu'aux militaires condamnés qui, tout en étant dignes d'indulgence, ne peuvent, en raison de la date de leur condamnation, être compris dans les propositions semestrielles.

Des propositions de grâce peuvent également être adressées à toute époque de l'année en faveur des détenus réformés pour une affection entraînant l'incapacité absolue de servir.

Les propositions de grâce et de réduction de peine concernant les détenus condamnés par les conseils de guerre maritimes doivent être l'objet de notices (modèle n° 9). Celles-ci portent, suivant le cas, le visa du gouverneur militaire, du général commandant de corps d'armée et du général commandant la division d'occupation de Tunisie et sont transmises au Ministre, qui les adresse à son collègue de la marine.

Interdiction est faite aux commandants d'établissements pénitentiaires de fournir à toutes personnes autres que celles ayant qualité pour émettre des avis sur lesdits états, des renseignements sur les propositions de grâce, de réduction de peine ou d'affectation dont les condamnés peuvent être l'objet.

Destination à donner aux condamnés à l'expiration de leur peine.

Art. 57. Les gouverneurs militaires et les généraux commandant les corps d'armée et la division d'occupation de Tunisie sont chargés de régler la destination à donner, à l'expiration de leur peine, aux condamnés sortant des établissements pénitentiaires situés sur leur territoire, ou de provoquer en temps utile les ordres du Ministre à cet égard.

L'affectation des hommes provenant de l'armée de mer est réglée par le Ministre de la marine, à qui ces hommes sont signalés directement par le commandant de la région où se trouve l'établissement de détention.

Pour les condamnés autres que ceux ayant été l'objet de la remise du restant de leur peine et pour lesquels le Ministre se réserve de statuer, on se conforme aux principes suivants :

Sont affectés aux bataillons d'infanterie légère d'Afrique les militaires des catégories ci-après (1) :

1° Les militaires et marins reconnus coupables de crime et condamnés seulement à l'emprisonnement ou aux travaux publics par application des circonstances atténuantes, soit en vertu de l'article 463 du Code pénal, soit en vertu des articles du Code de justice militaire qui prévoient lesdites circonstances, soit en vertu de la loi du 19 juillet 1901;

2° Ceux qui ont encouru, pendant leur service, les condamnations spécifiées aux paragraphes 2 et 3 de l'article 5 de la loi du 21 mars 1905;

3° Tout militaire ou marin rengagé ou inscrit réadmis, qui, étant sous les drapeaux ou avant l'expiration du service auquel il est astreint en qualité d'appelé ou d'engagé volontaire, a subi une condamnation tombant sous le coup de l'article 66, 3e, 4e, 5e alinéas de la loi du 21 mars 1905 ou de l'article 85 de la loi du 24 décembre 1896.

Les militaires des catégories 1°, 2° et 3° ci-dessus, qui proviennent des militaires servant au titre étranger dans les régiments étrangers et des indigènes des régiments de tirailleurs et de spahis, sont renvoyés dans ces troupes ou dans les sections de discipline qui y sont organisées;

4° Les militaires des bataillons d'infanterie légère d'Afrique qui auront été condamnés pendant leur séjour à ces bataillons et ceux qui, ayant été réintégrés dans un corps de troupes, auront encouru dans ce corps une nouvelle condamnation, même quand cette condamnation aurait été prononcée avec le bénéfice du sursis.

Sont renvoyés dans des corps de troupes (2), tous les condamnés ne rentrant pas dans les catégories précédentes, c'est-

---

(1) Y compris les hommes de ces catégories provenant des compagnies de discipline.

(2) Sont envoyés aux compagnies de discipline les hommes de cette catégorie qui en proviennent et les hommes de tous corps qui ont été condamnés, soit pour insoumission en temps de guerre (article 83 de la

à-dire tous les militaires ayant encouru, au cours de leur service, une ou plusieurs peines correctionnelles, de n'importe quelle durée, pour délits purement militaires ou pour délits de droit commun autres que ceux visés à l'article 5 de la loi de recrutement et tous ceux n'ayant encouru, pour un des délits prévus par ledit article, qu'une seule condamnation inférieure à six mois de prison.

Il est procédé à l'affectation et à la répartition des hommes affectés aux bataillons d'infanterie légère d'Afrique conformément à l'instruction relative à ces bataillons.

La répartition des hommes provenant des troupes métropolitaines et coloniales, à réintégrer dans les corps de troupes, est faite d'après les règles ci-après :

a) Pour les établissements pénitentiaires d'Algérie et de Tunisie, les généraux commandant le 19e corps d'armée et la division d'occupation de Tunisie prononcent chacun l'affectation des militaires à réintégrer, sortant des pénitenciers et des ateliers de travaux publics situés sur son territoire, qu'ils proviennent de France ou d'Afrique, en se conformant à la circulaire ministérielle du 12 novembre 1902 (1). Ces officiers généraux règlent de même, respectivement, l'affectation des réintégrés sortant des prisons situées sur leur territoire, en se conformant aux indications de la même circulaire, relative aux hommes provenant d'Afrique;

b) Pour les prisons et pénitenciers de France, les gouverneurs militaires et les généraux commandant les corps d'armée de l'intérieur affectent les réintégrés, selon l'arme et la région dont ils proviennent, à un corps de leur région d'origine, chaque fois qu'il se trouve dans cette région un corps auquel l'homme puisse être affecté, d'après les règles générales d'affectation spécifiées dans la circulaire ministérielle du 12 novembre 1902 précitée. A défaut, l'homme est affecté à un corps d'une des régions les plus voisines de celle où il se trouve.

Les dispositions qui précèdent sont également applicables aux militaires condamnés avec sursis.

Pour les condamnés appartenant aux troupes coloniales et qui ne sont pas dans le cas d'être envoyés aux bataillons d'Afrique, c'est le général commandant le corps d'armée des troupes

---

loi du 21 mars 1905 et article 230 du Code de justice militaire), soit en vertu de l'article 80 de la loi précitée et de l'article 270 du Code de justice militaire (mutilés volontaires).

(1) Circulaire insérée au volume n° 59[4], page 93.

coloniales qui prononce sur leur affectation (circulaire du 29 août 1903, *B. O.*, vol. n° 57, p. 114).

Le commandant de l'établissement adresse, le 15 de chaque mois, au général commandant le corps d'armée, l'état des détenus dont la peine expire dans le courant du mois suivant, en y joignant l'indication du temps de service militaire restant à accomplir par chacun d'eux et ses propositions pour la destination à donner à chaque condamné (états modèles n°s 10 et 10 *bis*), établies d'après les règles ci-dessus.

Lorsqu'un condamné astreint à l'interdiction de séjour est écroué dans un établissement pénitentiaire militaire, le commandant de l'établissement ou l'agent principal doit, en vue d'assurer l'exécution de l'article 19 de la loi du 27 mai 1885, adresser au Ministre (Direction du Contentieux et de la Justice militaire; Bureau de la Justice militaire), deux mois avant la date présumée de l'élargissement du détenu :

1° Une feuille individuelle (modèle n° 10 *ter*);

2° Une notice individuelle (modèle n° 10 *quater*).

Le Ministre provoque alors, auprès de son collègue de l'intérieur, un arrêté d'interdiction de séjour visant les localités interdites à titre général et particulier et dont il est transmis ampliation.

Cet arrêté est notifié, par les soins du commandant de l'établissement ou de l'agent principal, au condamné qu'il concerne et une copie certifiée conforme lui en est remise pour qu'il ne puisse arguer, devant les tribunaux, qu'il n'a pas eu connaissance des localités où il lui est interdit de paraître.

Un récépissé portant la date de cette remise est ensuite adressé au Ministre (Direction du Contentieux et de la Justice militaire; Bureau de la Justice militaire).

Mise en route des détenus libérés.

Art. 58. Les détenus libérés dirigés sur un bataillon d'infanterie légère d'Afrique sont mis en route librement ou sous escorte, suivant l'ordre donné par le général commandant de corps d'armée, dans les conditions prescrites par l'instruction relative auxdits bataillons. Ceux qui sont dirigés sur d'autres corps ou qui sont renvoyés dans leurs foyers voyagent librement.

Toutefois, s'ils ne peuvent être mis en route séparément, leur départ est réglé de telle sorte qu'ils ne puissent voyager par groupe de plus de deux, dans une même direction ou par un même train.

En attendant leur tour de départ, les intéressés sont maintenus à l'établissement, à titre de passagers; toutefois, le temps pendant lequel ils y séjournent en cette qualité vient en déduction du temps de service militaire restant à accomplir.

§ 5. — *Dispositions concernant les passagers.*

Pièces accompagnant les passagers.

Art. 59. Les prévenus ou condamnés militaires qui sont transférés doivent être accompagnés :

1° D'un ordre de conduite individuel (1) délivré par le commandant de la compagnie ou de l'arrondissement de gendarmerie fournissant l'escorte. A cet ordre sont annexés : une copie certifiée de l'ordre, du mandat ou de la réquisition en vertu duquel a lieu le transfert et les pièces qui doivent suivre le prévenu ou le condamné. Ces pièces sont confiées, sous pli cacheté, au commandant de l'escorte et ne sont remises par lui qu'à destination; elles ne sont pas présentées dans les établissements de passage;

2° D'une feuille de route individuelle portant indication des fournitures que le prisonnier doit recevoir en route;

3° D'un inventaire de tous les effets d'habillement et de petit équipement dont il est porteur (modèle 19).

Dépôt des passagers.

Art. 60. Dans chaque établissement de passage, le commandant de l'escorte remet le passager au gardien, avec les formalités prescrites à l'article 38.

Le commandant de l'escorte remet également au gardien, la feuille de route du passager et, s'il y a lieu, l'argent et les valeurs.

Le gardien devient, dès lors, responsable du prisonnier et de tous ses effets pendant toute la durée de sa détention.

Si ces formalités ne sont pas remplies, le commandant de l'escorte en dresse procès-verbal; il peut ainsi dresser procès-verbal contre tout gardien qui lui refuse l'ouverture des portes des prisons ou des chambres des passagers.

---

(1) Décret du 20 mai 1903 (E. M., vol. 39), modèle 15.

Si, au moment du départ, le commandant de l'escorte constate que quelques-uns des effets du passager manquent ou sont détériorés, il en dresse un procès-verbal que le gardien est tenu de signer et qui reste annexé à l'ordre de conduite.

CHAPITRE II.

SERVICE INTÉRIEUR DES ÉTABLISSEMENTS PÉNITENTIAIRES.

§ 1er. — *Service journalier, repos, soins de propreté, travaux.*

Emploi du temps pendant les jours ouvrables.

Art. 61. Les jours non fériés, la division et l'emploi de la journée sont réglés dans les établissements de l'intérieur d'après le tableau ci-dessous; les détenus doivent fournir dix heures de travail en toute saison.

DÉTAIL DU SERVICE.	MOIS.		
	Janvier, Février, Novembre et Decembre.	Mars et Octobre.	Avril, Mai, Juin, Juillet, Août, Septembre.
Réveil	7 heures.	6 heures.	5 heures.
Soins de propreté	7 h. à 7. 1/2.	6 h. à 6 h. 1/2.	5 h. à 5 h. 1/2.
Appel	7 h. 1/2,	6 h. 1/2.	5 h. 1/2.
Inspection	7 h. 1/2 à 8 h.	6 h. 1/2 à 7 h.	5 h. 1/2 à 6 h.
Travail	8 h. à 11 h.	7 h. à 11 h.	6 h à 11 h.
Repas	11 h. à 11 h. 1/2	11 h. à 11 h. 1/2.	11 h. à 11 h. 1/2.
Repos	11 h. 1/2 à midi.	11 h. 1/2 à midi 1/2	11 h. 1/2 à 1 h.
Travail	midi à 3 h.	midi 1/2 à 3 h.	1 h. à 3 h.
Repos	3 h. à 3 h. 1/4.	3 h. à 3 h. 1/4.	3 h. à 3 h. 1/4.
Travail	3 h. 1/4 à 7 h. 1/4.	3 h 1/4 à 6 h. 3/4.	3 h 1/4 à 6 h. 1/2.
Repas	7 h. 1/4 à 7 h. 3/4.	6 h. 3/4 à 7 h. 1/4.	6 h. 1/2 à 7 h.
Retraite	7 h. 3/4.	7 h. 3/4.	7 h. 3/4.
Appel	8 heures.	8 heures.	8 heures.

Le commandant de l'établissement, sur l'avis du médecin, peut introduire, s'il le juge convenable, dans l'emploi du temps tels changements que les conditions climatériques spéciales ou l'état sanitaire général pourraient nécessiter. Il en rend compte à l'autorité supérieure.

En Algérie et en Tunisie, la répartition des heures de travail est fixée par le cahier des charges relatif à l'emploi des détenus.

Tous les mouvements dans l'intérieur des établissements sont commandés militairement et exécutes en rang et en silence.

Emploi du temps le dimanche et les jours fériés.

Art. 62. Les dimanches et les jours fériés, la division et l'emploi du temps sont réglés à l'intérieur de la manière suivante :

DÉTAILS DU SERVICE.	DU 1er AVRIL au 30 SEPTEMBRE.	DU 1er OCTOBRE au 31 MARS.
Réveil	6 heures.	7 heures.
Appel	6 h. 1/4.	7 h. 1/4.
Corvée de propreté générale	6 h. 1/4 à 7 h. 1/2	7 h. 1/4 à 8 h. 1/2
Soins de propreté corporelle	7 h. 1/2 à 8 h.	8 h. 1/2 à 9 h.
Inspection par section	8 h. à 8 h. 1/2.	9 h. à 9 h. 1/2.
Repos	8 h. 1/2 à 9 h. 1/2.	»
Messe ou exercices religieux (facultatif).	9 h. 1/2 à 10 h.	9 h. 1/2 à 10 h.
Repas	10 h. à 10 h. 1/2.	10 h. à 10 h. 1/2.
Repos ou lecture patriotique et morale.	10 h. 1/2 à 1 h.	10 h. 1/2 à 1 h.
Enseignement mutuel	1 h. à 2 h.	1 h. à 2 h.
Visite au parloir, nettoyage et entretien des effets : à défaut d'occupation de ce genre, repos	2 h. à 5 h.	2 h. à 5 h.
Repas	5 h. à 5 h. 1/2.	5 h. à 5 h. 1/2
Repos	5 h. 1/2 à 6 h. 1/2	5 h. 1/2 à 6 h.
Retraite	6 h. 1/2.	6 heures.
Appel	7 heures.	6 h. 1/4.

Soins de propreté et d'hygiène des détenus.

Art. 63. Du réveil à l'inspection, les détenus doivent avoir mis en état de propreté leurs effets, être lavés et habillés.

Les ablutions se font dans les locaux aménagés à cet usage.

Des bains par aspersion sont donnés aux détenus, au moins tous les quinze jours, comme dans les corps de troupe.

Une fois par semaine, au moins, il est procédé au lavage des jambes et des pieds.

Le linge sale est ramassé chaque dimanche par les soins des surveillants qui veillent à ce que les hommes mettent une chemise et un caleçon propres au moins une fois par semaine.

La propreté et l'entretien des effets de couchage font l'objet d'une surveillance particulière.

Entretien de la barbe et des cheveux des condamnés.

Art. 64. Dans tous les établissements pénitentiaires de France, d'Algérie et de Tunisie, les condamnés ont le visage complètement rasé et les cheveux coupés ras à la tondeuse. Cependant, les chefs d'établissement peuvent autoriser ceux qui se distinguent par leur bonne conduite au cours de l'exécution de leur peine, à porter la moustache. Ils peuvent aussi autoriser les détenus à laisser pousser leur barbe quelque temps avant leur libération.

Les détenus doivent être rasés au moins une fois par semaine Toutefois, cette prescription n'est pas obligatoire pour les hommes détenus disciplinairement et les prévenus.

Les cheveux de tous les détenus sont entretenus aussi courts que possible.

Les instruments et ingrédiens nécessaires aux détenus perruquiers sont fournis par l'établissement et sont achetés au compte de l'ordinaire.

Exceptionnellement, à défaut de détenus sachant raser, des militaires pris dans les corps de la garnison sont désignés par le commandant d'armes pour assurer ce service et perçoivent une allocation de 0 fr. 15 par séance qui leur est payée par les soins de l'établissement.

Propreté des locaux.

Art. 65. Des crachoirs en faïence ou fer émaillé, contenant un désinfectant, sont placés en permanence dans les ateliers et dortoirs; des crachoirs en faïence sont placés dans les cellules de correction. Ils sont nettoyés soigneusement chaque jour.

Le sol des dortoirs, cellules et ateliers est lavé chaque semaine et plus souvent s'il est nécessaire. L'eau de lavage est additionnée, quand il y a lieu, d'un désinfectant désigné par le médecin.

Les cellules, salles, corridors, escaliers, préaux, cours, etc..., doivent toujours être tenus en très grand état de propreté.

Les corvées nécessaires sont faites chaque jour par les détenus commandés à cet effet et dirigés par les surveillants.

Tenue.

Art. 66. La tenue des détenus est réglée par les décrets et instructions sur le service de l'habillement dans les pénitenciers, ateliers de travaux publics et prisons militaires (1).

---

(1) Décret et instruction du 8 août 1895. Instruction du 10 mars 1900 (É. M., vol. 57 *ter*).

Le commandant d'armes fixe les dates où doit commencer et cesser le port des tenues d'été et d'hiver en tenant compte des conditions climatériques.

Les hommes punis de cellule sont revêtus de la tenue de travail prescrite et ne reçoivent en principe que des effets hors de service; la couverture de lit et le couvre-pieds ne leur sont remis qu'à la nuit et leur sont retirés au réveil. Ces prescriptions peuvent d'ailleurs être modifiées par le chef de l'établissement, en raison de l'abaissement anormal de la température.

Promenade des officiers détenus.

Art. 67. Les officiers détenus peuvent jouir de la promenade dans les préaux à des heures fixées par le commandant et lorsque les autres détenus sont aux ateliers.

La durée de cette promenade ne doit pas excéder une heure le matin et une heure le soir.

La corvée de propreté a lieu dans leur chambre pendant la promenade du matin.

Repos.

Art. 68. Les moments de repos sont passés, suivant le temps et la saison, dans les préaux ou promenoirs. Les détenus y sont constamment sous la surveillance des sous-officiers.

Les jeux dits de bois sont autorisés; tous les autres jeux, ainsi que les chants, clameurs, cris ou exercices bruyants sont interdits.

Circulation des détenus dans l'établissement.

Art. 69. L'accès de la guicheterie n'est permis aux détenus qu'en cas de nécessité et en présence d'un surveillant. Ils ne peuvent pénétrer ni séjourner dans les bâtiments de l'administration.

Un détenu ne peut ni stationner dans les escaliers ni pénétrer dans une autre chambre ou cellule que la sienne; il lui est défendu de causer et de communiquer avec les détenus occupant les chambres ou cellules voisines.

Promenade des hommes punis de cellule de correction ou mis aux fers.

Art. 70. Les détenus mis en cellule de punition ou punis de la cellule de correction sont conduits dans les préaux et dans les promenoirs.

La sortie est d'une demi-heure au moins par jour et doit avoir lieu à une heure différente de celle du repos des autres détenus.

Les détenus mis aux fers ne sortent qu'autant que le médecin en a reconnu la nécessité absolue.

Lumière.

Art. 71. Les différents locaux doivent toujours être suffisamment éclairés pour permettre une surveillance efficace. Lorsqu'il existe des dortoirs communs, les pièces à cet usage doivent être éclairées toute la nuit par un système placé à l'extérieur, hors de l'atteinte des détenus.

Usage du tabac.

Art. 72. Les officiers et les sous-officiers ne peuvent fumer à l'intérieur de l'établissement que dans les locaux et aux heures qui sont déterminés par les consignes.

Les détenus qui se conduisent bien peuvent être autorisés à faire usage de tabac, mais il est défendu de chiquer dans les ateliers situés dans l'intérieur de l'établissement, et il n'est permis de fumer que dans les promenoirs ou préaux. Une mèche en combustion est mise à la disposition des fumeurs et il est formellement interdit aux détenus d'avoir des allumettes en leur possession.

L'usage du tabac à priser est permis en tous lieux.

L'autorisation de faire usage du tabac peut être complètement retirée en cas d'inconduite. Elle est toujours retirée aux hommes punis.

Les dépenses d'achat de tabac sont à la charge des détenus, qui y pourvoient au moyen de leurs fonds particuliers.

Les détenus dont la conduite est bonne peuvent recevoir des bons de tabac dans les mêmes conditions que les militaires des corps de troupe.

Ils peuvent également consommer du tabac ordinaire qui, comme le tabac de cantine, est fourni par l'entrepreneur des vivres supplémentaires.

Obligation du travail.

Art. 73. Les condamnés, à l'exception des officiers, des sous-officiers et employés militaires restés en possession de leur grade ou de leur emploi, sons astreints au travail.

Ce travail s'exécute, suivant le cas, dans des ateliers installés dans l'intérieur des établissements ou sur des chantiers extérieurs.

Les prévenus, les passagers non condamnés et les hommes

détenus disciplinairement ne sont pas soumis à l'obligation du travail, mais ils prennent part aux corvées de l'établissement.

Obligation du silence pendant le travail.

Art. 74. Le silence est obligatoire dans les ateliers.

Il ne peut être fait exception à cette règle que pour les explications qu'ont à donner les maîtres, contre-maîtres et sous-chefs d'atelier.

Ces explications doivent être demandées et données à voix basse, en présence du surveillant de l'atelier.

Interdiction des corvées extérieures.

Art. 75. Les détenus ne doivent faire aucune corvée à l'extérieur de l'établissement.

Le transport du combustible, des aliments et des effets destinés aux détenus est assuré par les soins et à la charge des fournisseurs ou par des hommes de la garnison.

Interdiction d'employer des détenus comme domestiques ou secrétaires.

Art. 76. Il est formellement interdit au personnel de l'établissement d'employer des détenus comme domestiques ou secrétaires.

Seuls, les officiers détenus à titre disciplinaire ou préventif ou les officiers condamnés ayant conservé leur grade, peuvent être autorisés à employer, pour faire leur chambre ou entretenir leurs effets, un détenu auquel ils paient une gratification de 0 fr. 15 par jour.

Détenus affectés au service intérieur de l'établissement.

Art. 77. Les détenus affectés en permanence à l'exécution de certains travaux du service intérieur de l'établissement, reçoivent un salaire journalier de 0 fr. 15 imputé sur les crédits de la justice militaire, à l'exception des tailleurs et des cordonniers qui sont récompensés comme il est dit à l'article 187.

Les emplois prévus et le nombre des condamnés qui doivent les remplir sont en principe les suivants :

Les perruquiers, à raison de un pour 100 hommes;

Les cuisiniers, à raison de un au-dessous de 75 hommes, de deux de 75 hommes à 150 inclus, et de trois de 150 hommes a 300 inclus. Au delà de 300, le nombre est fixé par le général commandant la subdivision, sur la proposition du chef de l'établissement;

Les tailleurs et cordonniers à raison de un par établissement dont l'effectif est inférieur à 150 hommes; il est accordé deux tailleurs et deux cordonniers de 151 à 300 détenus. Au delà de 300, le nombre est déterminé comme pour les cuisiniers;

Les infirmiers à raison de un par établissement ou fraction détachée comptant au moins 100 hommes; ce nombre varie, d'ailleurs, suivant les besoins du service;

Le clairon ou, à défaut, le tambour; ce détenu est chargé, en outre, de l'allumage, de l'extinction et de l'entretien des appareils d'éclairage et de chauffage;

Le détenu employé au magasin, lorsqu'en raison de l'importance du matériel existant, les manutentions ne peuvent être assurées par les condamnés employés aux confections et réparations.

Dans les établissements où tous les détenus sont occupés par l'entrepreneur, le général commandant la subdivision peut décider, chaque fois qu'il le reconnaîtra nécessaire, qu'un condamné sera affecté temporairement aux travaux de propreté et d'entretien des bâtiments.

§ 2. — *Police et discipline.*

1° Mesures d'ordre intérieur.

Surveillance de nuit.

Art. 78. Indépendamment des visites et des appels qui ont lieu à des heures déterminées, il est organisé, à l'intérieur de chaque établissement, un service de ronde de nuit. Le commandant fixe chaque jour les heures de ces rondes; l'exécution en est constatée par des contrôleurs de rondes dont il vérifie les feuilles tous les matins.

Tous les sergents-majors et sergents surveillants, à l'exception des concierges, concourent entre eux pour l'exécution de ce service, sous la direction de l'officier adjoint et de l'adjudant de surveillance.

Sous aucun prétexte, le sous-officier de ronde ne peut quitter l'établissement pendant la nuit.

L'officier, le sous-officier et l'agent de ronde sont accompagnés par un homme de garde, porteur d'un falot.

Visite des chambres.

Art. 79. Le personnel de surveillance profite du moment où les détenus descendent dans les préaux ou ateliers, pour faire de temps en temps l'inspection minutieuse des chambres de détention et examiner avec soin s'il ne s'y trouve pas des objets interdits par les règlements, tels que cordes, allumettes, couteaux, armes quelconques, et s'il n'y a pas été pratiqué des dégradations au casernement ou au matériel.

Marques de respect des détenus vis-à-vis du personnel.

Art. 80. Les détenus doivent constamment se montrer respectueux envers leurs chefs de tous grades. Toutes les fois qu'ils se trouvent en leur présence dans une chambre, ils doivent se découvrir. Ce salut ne se renouvelle pas dans le cours ordinaire du service, sauf lorsque le commandant parcourt l'établissement. Dans la cour, aux promenoirs découverts, sur les chantiers, les détenus doivent saluer de la manière spécifiée au règlement sur le service intérieur.

Ils ne doivent adresser la parole à leurs supérieurs qu'avec réserve et déférence, et seulement pour les objets relatifs à leur travail ou à leurs besoins.

Devoirs généraux des détenus.

Art. 81. Les détenus doivent travailler avec assiduité et le mieux possible. Ils doivent obéir immédiatement à tous ordres donnés et se conformer à toutes les consignes de l'établissement.

Ils ne peuvent parler entre eux qu'aux heures de repos.

Toute démonstration, toute clameur tendant à rompre le silence et le calme qui doivent constamment régner, soit dans les cellules, soit dans les chambres de détention, soit dans les ateliers, sont interdites.

Révoltes et alertes.

Art. 82. En cas de mutinerie, révolte, bris de prison, tentative d'évasion et autres cas graves, le sous-officier de service fait sonner la cloche d'alarme.

Les officiers et sous-officiers de service restent à leur poste et interdisent toute communication entre les détenus. Ceux qui ne sont pas de service se rendent immédiatement à la guicheterie.

Le commandant prend les dispositions que le cas exige et se

concerte au besoin avec les autorités militaires et civiles du lieu; il avise sans délai le commandant d'armes.

2° Punitions des détenus.

Différentes punitions des détenus.

Art. 83. Les punitions à infliger aux condamnés, selon la gravité de leurs fautes, sont :

1° La privation d'achats supplémentaires de vivres;

2° Les corvées hors tour;

3° La privation de préau et la réclusion dans les chambres ou cellules pendant le temps du repos;

4° La privation de vivres autres que le pain;

5° La cellule de correction.

Les punitions sont subies dans les conditions suivantes :

La privation d'achats supplémentaires de vivres s'applique à tous les objets que les détenus peuvent se procurer sur leur fonds particulier, vin, tabac, vivres supplémentaires, etc.

La privation de préau et la réclusion dans les chambres ou cellules pendant le temps du repos, consistent à passer dans une cellule ou dans le dortoir le temps de la récréation; elle est infligée par périodes de trois jours avec interruption de deux jours, sans pouvoir excéder douze jours, c'est-à-dire quatre périodes de trois jours; elle doit, dans tous les cas, être suspendue dès que le médecin la déclare compromettante pour la santé de l'intéressé.

La privation de vivres autres que le pain est infligée pendant trois jours consécutifs au plus, la ration de pain pouvant être augmentée, s'il y a lieu, sur l'avis du médecin. Cette punition n'est pas infligée à un détenu détaché sur un chantier extérieur lorsque ce détenu travaille. Un intervalle de deux jours doit toujours exister entre deux punitions de trois jours de privation de vivres autres que le pain.

Les détenus punis de privation de vivres autres que le pain sont enfermés pendant l'heure du repas; ils sont visités tous les jours par le médecin.

La cellule de correction se subit par périodes de sept jours séparées par un intervalle de quatre jours et ne peut être infligée pour plus de quarante jours, c'est-à-dire pour quatre périodes de sept jours.

Pendant les périodes de sept jours, le détenu ne reçoit jamais la soupe du soir et ne reçoit celle du matin que le quatrième jour.

Pendant l'intervalle des quatre jours séparant chaque période, le détenu, qui reste en cellule, reçoit tous les jours la soupe du matin et jamais celle du soir.

Les détenus punis de cellule sont visités tous les jours par le médecin; ils peuvent, lorsque le chef du détachement ou le commandant de l'établissement le juge utile, continuer à être astreints au travail.

Les militaires détenus à titre disciplinaire ou préventif ne peuvent subir que les punitions énumérées dans le règlement sur le service intérieur des corps de troupe (1); les punitions de cellule qui leur sont infligées sont subies dans les conditions indiquées par ce règlement. Toutefois, on peut leur infliger la privation d'achats à la cantine.

Cellule avec fers.

Art. 84. Tous les détenus, à quelque catégorie qu'ils appartiennent, peuvent, en cas de fureur ou de violence grave susceptibles de les rendre dangereux pour eux-mêmes ou pour les autres, être mis en cellule avec fers.

Les fers de correction consistent en pedottes et menottes du modèle réglementaire. Leur imposition est une mesure toute préventive qui ne constitue pas une punition et ne peut pas être ordonnée pour un temps déterminé; elle prend fin de plein droit en même temps que cesse l'état qui l'avait motivée. Lorsque ce moyen exceptionnel est employé, il en est rendu compte immédiatement, par la voie hiérarchique, au général commandant la subdivision.

Par qui les punitions sont ordonnées.

Art. 85. Les punitions des militaires détenus à titre disciplinaire ou préventif sont ordonnées dans les conditions prévues par le règlement sur le service intérieur des corps de troupe (1); les droits des divers agents sont fixés d'après leur grade conformément à ce règlement, le commandant de l'établissement ayant les droits dévolus à un chef de corps et l'agent principal les droits dévolus à un commandant de compagnie.

Les punitions des condamnés sont infligées, savoir :

La privation d'achats supplémentaires de vivres et les corvées hors tour :

---

(1) Décret du 25 mai 1910 (É. M., vol. 78) modifié par décret du 14 mai 1912.

Jusqu'à 4 jours par les sergents;
Jusqu'à 8 jours par les sergents-majors;
Jusqu'à 15 jours par les adjudants;
Jusqu'à un mois par l'officier adjoint, les officiers d'administration et l'agent principal;
Jusqu'à 60 jours par le commandant de l'établissement.

La privation de préau et la réclusion dans les chambres ou cellules pendant le temps du repos :

Pour 3 jours par les sous-officiers;
Pour 6 jours (deux périodes de 3 jours) par les officiers du cadre de l'établissement et l'agent principal;
Pour 12 jours (quatre périodes de 3 jours) par le commandant de l'établissement.

La privation de vivres autres que le pain :

Un jour par les sous-officiers;
Jusqu'à 2 jours par les officiers du cadre de l'établissement et l'agent principal;
Jusqu'à 3 jours par le commandant de l'établissement et les officiers généraux dont relève cet établissement.

Les punitions de cellule de correction :

Jusqu'à 2 jours par les sergents;
Jusqu'à 4 jours par les sergents-majors;
Jusqu'à 7 jours par les adjudants;
Jusqu'à 18 jours par les officiers du cadre de l'établissement et l'agent principal;
Jusqu'à 29 jours par le commandant de l'établissement;
Jusqu'à 40 jours par les officiers généraux dont relève l'établissement.

Le commandant de l'établissement a le droit d'augmenter, diminuer, changer ou faire cesser les punitions prononcées par ses subordonnés.

La mise aux fers ne peut être ordonnée que par le commandant de l'établissement, ou bien, en cas d'urgence et avec l'obligation d'en rendre immédiatement compte au commandant, par l'officier adjoint ou l'adjudant de surveillance de service. Elle peut être également ordonnée par l'agent principal, qui en rend compte au commandant de la subdivision sur le rapport journalier du lendemain.

Punitions des officiers.

Art. 86. Les officiers détenus à titre disciplinaire ou préventif dans les prisons et les officiers condamnés ayant conservé leur grade ne peuvent être punis que par le commandant de l'établissement et si celui-ci est d'un grade égal ou supérieur au leur; dans le cas contraire, le commandant de l'établissement demande une punition au commandant d'armes, qui saisit, s'il y a lieu, l'autorité supérieure.

Mesures spéciales de rigueur à l'égard des détenus punis de cellule.

Art. 87. Les détenus en punition de cellule ne peuvent obtenir l'autorisation d'améliorer la nourriture réglementaire.

Toute visite de l'extérieur est interdite pour eux.

Cas de crimes ou délits commis par les détenus.

Art. 88. Les punitions énumérées à l'article 83 n'ont pour objet que la répression des fautes commises en contravention aux règles du service intérieur et de police; mais, pour les délits et crimes, les détenus sont poursuivis judiciairement.

Registre des punitions.

Art. 89. Il est établi un registre des punitions [modèle du règlement sur le service intérieur des corps de troupe (1)], sur lequel sont inscrites les punitions infligées aux détenus; la corvée hors tour ainsi que la privation des vivres supplémentaires n'y sont point portées, mais la mise aux fers, bien que n'étant pas une punition, y sera portée avec l'indication du temps pendant lequel elle aura duré.

Un relevé des punitions est adressé au corps ou à l'établissement sur lequel le détenu sortant est dirigé.

Un autre registre est tenu pour les punitions infligées aux agents de surveillance.

Toutes les punitions infligées par les chefs de détachement sont portées à la connaissance du commandant de l'établissement, sur le rapport hebdomadaire prescrit par l'article 199.

3° Réclamations.

Interdiction des réclamations collectives.

Art. 90. Toute réclamation collective, quel qu'en soit l'objet, est interdite.

---

(1) Décret du 25 mai 1910 (É. M., vol. 78).

Réclamations individuelles par la voie hiérarchique.

Art. 91. Les réclamations individuelles sont présentées hiérarchiquement. Elles doivent toujours être transmises et être soumises au commandant, qui statue.

Réclamations directes au moment des inspections.

Art. 92. Les détenus, après avoir réclamé hiérarchiquement, ainsi qu'il est dit ci-dessus, peuvent s'adresser directement à l'inspecteur général, lors de son inspection ou au commandant d'armes lors de ses visites mensuelles.

Punition en cas de réclamation non fondée.

Art. 93. Il est infligé une punition sévère au détenu qui fait sciemment une réclamation non fondée.

4° Garde de police.

Poste de garde.

Art. 94. Un poste chargé de la garde des détenus est placé près de chaque établissement. Il est entièrement aux ordres du commandant ou de l'agent principal, qui, seuls, peuvent en disposer suivant les besoins du service, déterminer l'emplacement des sentinelles, régler les heures de ronde, etc.

Cependant, en cas d'urgence, la garde de police doit déférer immédiatement à toute réquisition du personnel.

Les sergents surveillants ne commandent des hommes avec armes chargées que lorsqu'ils ont affaire à un détenu réputé dangereux ou possédant une arme qu'il aurait réussi à dissimuler ou à dérober, ou tout autre objet pouvant déterminer des blessures dont il menacerait de faire usage. Dans toute situation, on ne doit faire feu qu'en cas de nécessité absolue, lorsque la vie d'un gradé, d'un homme de garde ou d'un détenu se trouve en danger imminent.

Le poste ne fait ni ronde ni patrouille pour le service de la place.

Force du poste de garde.

Art. 95. La force du poste est déterminée, en France, par les gouverneurs militaires ou les commandants de corps d'armée; en Algérie, par les généraux commandant la division; en Tunisie, par le général commandant la division d'occupation, sur la proposition du commandant de l'établissement, en raison de l'importance et de la situation de l'établissement.

A tous les mouvements en masse opérés par les détenus, la garde de l'établissement sort du poste et reste sous les armes.

Consignes permanentes des chefs de poste et sentinelles.

Art. 96. Les factionnaires et chefs de poste doivent recevoir et observer les consignes générales et permanentes suivantes :

1° Les factionnaires ont pour consigne de veiller soigneusement à la sûreté extérieure de l'établissement et de prévenir le chef de poste du moindre fait qui peut la compromettre;

2° Les sentinelles n'auront pas leurs fusils chargés, sauf dans les cas prévus par le décret sur le service de place (1).

Chaque sentinelle disposera, toutefois, de deux cartouches libres, qu'elle placera à portée de la main dans une cartouchière;

3° Si un factionnaire voit, pendant le jour, un ou plusieurs détenus sur les toits ou escaladant les murs, il leur fera immédiatement la sommation de s'arrêter, et il donnera sur-le-champ l'alarme en criant aux armes, cri qui sera répété par les autres factionnaires, afin que le chef de poste en soit informé par la sentinelle posée devant les armes;

4° Si une tentative d'évasion a lieu la nuit, la sentinelle charge son fusil, en criant une seule fois : « Halte-là où je fais feu ! » Si, malgré cet avertissement, l'évadé ne s'arrête pas, la sentinelle fait feu et appelle la garde;

5° Si un détenu paraît la nuit à une fenêtre, le factionnaire doit, à trois reprises différentes, le sommer de se retirer. Il ne fera feu qu'après la dernière sommation. Il ne doit jamais être fait feu sur les individus placés derrière des barreaux qui peuvent faire obstacle à la tentative d'évasion;

6° En dehors des cas prévus par les paragraphes 4° et 5°, les factionnaires ne doivent jamais faire usage de leurs armes qu'à leur corps défendant;

7° Les dispositions qui précèdent devront être l'objet de l'attention constante du chef de poste; les instructions les plus précises et les plus explicites devront être données aux caporaux de poste, pour que les factionnaires sachent exactement à quoi s'en tenir sur leur exécution;

8° En cas de révolte ouverte de la part des détenus, le direc-

(1) Décret du 7 octobre 1909 (É. M., vol. 75).

teur ou le gardien-chef de l'établissement pourra, sous sa responsabilité personnelle, requérir les militaires préposés à la garde dudit établissement de faire, après les sommations, usage de leurs armes pour réprimer la rébellion.

Interdiction aux sentinelles de communiquer avec les détenus.

Art. 97. Il est interdit aux sentinelles d'avoir aucune communication avec les détenus.

Les contrevenants sont signalés au commandant de l'établissement, qui demande une punition au commandant d'armes.

Planton mis à la disposition des ateliers et des pénitenciers.

Art. 98. Dans les ateliers et pénitenciers, il peut, sur l'ordre du commandant d'armes, être fourni un planton. Nul ne peut disposer de ce planton, si ce n'est pour le service de l'établissement et avec l'autorisation du commandant.

De même, lorsque le commandant d'armes le juge absolument nécessaire, un gendarme peut être commandé pour faire le service de planton à la prison.

Les fonctions du gendarme de planton sont, dans chaque cas particulier, déterminées par le commandant d'armes.

Lorsque ce gendarme est employé à escorter un prévenu ou un détenu, il veille rigoureusement, sous sa responsabilité personnelle, à ce que l'homme placé sous sa garde ne communique avec personne.

§ 3. — *Entrées et sorties. Visites.*

Entrée et sortie du personnel de l'établissement.

Art. 99. Les portes extérieures de chaque établissement s'ouvrent une demi-heure après le réveil et se ferment une demi-heure après la retraite.

Le commandant de l'établissement ou l'agent principal, les officiers attachés à l'établissement, le médecin et l'aumônier peuvent entrer et sortir toutes les fois qu'ils se présentent. Les sous-officiers de service ne peuvent sortir, ni rentrer, hors des heures fixées ci-dessus ou déterminées par les consignes particulières, sans une permission du commandant ou de l'agent principal.

Entrée des prisonniers.

Art. 100. Les prisonniers sont reçus à toute heure du jour et de la nuit.

Si le prisonnier est amené pendant la nuit, le portier fait prévenir dans les prisons l'agent principal ou, à son défaut, le greffier; dans les pénitenciers ou ateliers de travaux publics, le commandant ou, à son défaut, l'officier adjoint.

Il est procédé, pour toutes les formalités d'incarcération ou d'écrou, comme il est dit aux articles 39 et suivants.

Sortie des prisonniers.

Art. 101. Les prisonniers ne doivent jamais sortir isolément ou en détachement, qu'accompagnés par un planton ou des surveillants ou sous escorte. Tout agent étranger à l'établissement qui procède à l'extraction d'un prisonnier doit présenter au portier un permis de sortie délivré par le gardien de l'établissement. De même, aucun détenu renvoyé librement ne peut sortir sans présenter au portier un permis de sortie.

Personnes ayant droit de pénétrer dans la détention d'une façon permanente.

Art. 102. Les commissaires du gouvernement, les rapporteurs et les substituts, assistés de leurs greffiers, peuvent communiquer à toute heure avec les détenus contre lesquels ils dirigent des poursuites et avec ceux désignés comme témoins.

Les officiers généraux exerçant un commandement dans la place, le chef d'état-major du corps d'armée, les chefs d'état-major des divisions territoriales de l'Algérie et de la division d'occupation de Tunisie, le commandant d'armes, les membres des parquets militaires, le directeur et le chef du génie, le médecin chargé du service de santé de l'établissement, les contrôleurs de l'administration de l'armée, l'intendant militaire et le fonctionnaire de l'intendance chargé de la vérification des comptes peuvent seuls pénétrer dans les établissements sans une permission écrite.

Les ministres des cultes reconnus par l'Etat, régulièrement agréés pour assurer le service religieux, jouissent de la même faveur.

Le gouverneur militaire, le général commandant le corps d'armée, les généraux commandant les divisions territoriales de l'Algérie et la division d'occupation de Tunisie peuvent suspendre ce privilège, en cas de circonstance imprévue, mais ils doivent en rendre compte au Ministre.

Aucune personne autre que celles énumérées au présent article ne peut être admise à visiter un établissement pénitentiaire militaire sans une autorisation spéciale délivrée par le Ministre de la guerre, le gouverneur militaire ou le général commandant le corps d'armée à l'intérieur, les généraux commandant les divisions territoriales en Algérie, et par le général commandant la division d'occupation en Tunisie.

Délivrance des permis de visiter les détenus.

Art. 103. Aucune personne ne peut être admise à communiquer avec les condamnés détenus sans une permission nominative valable pour une fois, délivrée par le commandant d'armes (modèle 22).

Si le détenu n'est que prévenu ou accusé, la permission, pour être valable, doit porter le visa du commissaire du gouvernement et du rapporteur.

Toutes les permissions de visiter sont relevées par le surveillant portier, sauf les certificats de défenseurs attitrés, spécialement accordés aux avocats.

Les permissions sont remises au commandant de l'établissement.

Tableau des avocats.

Art. 104. Le tableau des avocats inscrits dans le département doit être affiché d'une façon apparente dans les préaux ou quartiers affectés, dans les prisons militaires, aux prévenus ou accusés.

Ce tableau est communiqué sur leur demande aux inculpés et l'agent principal est tenu de recevoir et de transmettre leurs déclarations relativement au choix d'un défenseur.

Admission des avocats défenseurs.

Art. 105. L'agent principal doit transmettre toute demande d'un inculpé tendant à conférer avec son conseil.

Le conseil peut, aussitôt après la première comparution, conférer librement et sans témoins avec l'inculpé. Le commissaire du gouvernement lui délivre, sur sa demande, un certificat constatant qu'il est défenseur de l'inculpé. Cette pièce n'a pas besoin d'être renouvelée pendant la durée de l'instruction.

Installation du parloir.

Art. 106. Dans tout établissement pénitentiaire militaire, le parloir doit être divisé en deux parties par une grille double dont les deux parois sont suffisamment espacées pour que les visiteurs ne puissent avoir aucun contact avec les détenus ni leur faire passer aucun objet.

Lieu des visites.

Art. 107. Les visites aux détenus ne sont autorisées qu'au parloir, en présence d'un surveillant.

Il ne doit jamais être admis plus de dix personnes en même temps dans le parloir.

Toutefois, par mesure ou faveur personnelle, l'autorisation de communiquer directement avec les détenus dans la partie réservée aux visiteurs, en présence d'un surveillant, peut être accordée aux proches parents. Ces faveurs exceptionnelles doivent être combinées de manière que deux ou plusieurs détenus ne se trouvent jamais simultanément dans la partie du parloir réservée au public.

Les officiers détenus à n'importe quel titre peuvent être autorisés à recevoir des visites dans leur chambre.

Les avocats défenseurs communiquent librement avec les détenus inculpés, autant que possible dans une salle spéciale; les officiers peuvent recevoir leurs défenseurs dans leur chambre.

Jours et heures de visite aux détenus.

Art. 108. Dans tous les établissements pénitentiaires, les détenus ne reçoivent de visite que les dimanches ou jours fériés, de 1 heure à 4 heures, à moins d'autorisation spéciale des gouverneurs militaires, des commandants de corps d'armée et, en Algérie, des généraux commandant les divisions, en Tunisie du général commandant la division d'occupation.

Il est fixé des heures particulières de visite pour les officiers détenus.

La durée de chaque visite ne doit pas dépasser une demi-heure.

Les avocats défenseurs sont admis tous les jours, du réveil au coucher, sauf pendant le temps des repas; la durée de leurs visites n'est pas limitée.

Devoirs du sous-officier portier vis-à-vis des visiteurs.

Art. 109. Le sous-officier portier avertit les visiteurs qu'il leur est interdit de remettre aucun objet aux détenus. Il reçoit de leurs mains ou arrête sur eux, après les avoir fouillés, si cela est nécessaire, tous les objets apportés par eux à destination des détenus, ou tous paquets ou objets suspects dont ils seraient porteurs.

La fouille des femmes est pratiquée par la femme d'un sous-officier du personnel de l'établissement.

A l'exception des chaussettes, gilets de flanelle et de tricot, savons, paquets de tabac et articles de fumeurs, tous les objets apportés aux détenus et tous paquets arrêtés sont rendus à leurs propriétaires, au moment de leur sortie de l'établissement.

Les objets admis sont soumis à un examen minutieux au greffe de l'établissement; le savon et les paquets de tabac sont coupés en plusieurs parties. La distribution des objets autorisés est ensuite opérée, dans l'enceinte réservée aux détenus, sous les yeux du donateur.

L'argent et les timbres-poste sont remis à l'officier d'administration comptable (ou à l'agent principal), qui inscrit les sommes à l'avoir du compte du fonds particulier du détenu et conserve les timbres-poste dans les conditions fixées à l'article 114.

Le sous-officier portier visite également à la sortie tous les paquets des entrepreneurs et de leurs préposés.

Affichage des prescriptions relatives aux visiteurs.

Art. 110. Les prescriptions concernant les visiteurs sont affichées dans le parloir. Le surveillant de service invite les visiteurs à les lire; il en donne connaissance verbalement à ceux qui seraient dans l'impossibilité de les lire.

Devoirs du sous-officier surveillant du parloir.

Art. 111. Le surveillant de service au parloir veille, sous sa responsabilité, à ce qu'aucune somme, aucun écrit ou papier, aucun outil ou autre objet ou paquet ne soit remis aux détenus.

Contraventions commises par les visiteurs.

Art. 112. Le visiteur surpris en contravention aux prescriptions visées ci-dessus est immédiatement expulsé du parloir. Il peut être privé de toute nouvelle permission sans préjudice des poursuites judiciaires qu'il pourrait y avoir lieu d'exercer en raison de la nature des objets introduits.

Dans ce cas particulier, il est dressé procès-verbal des faits par le lieutenant adjoint ou l'agent principal assisté du surveillant.

Les objets que le visiteur aurait réussi à dissimuler au sergent portier et dont il aurait tenté la remise sont saisis et déposés au greffe; les comestibles sont envoyés à l'hôpital ou distribués aux pauvres.

Destination donnée aux colis envoyés aux détenus.

Art. 113. Les colis ou paquets adressés aux détenus sont ouverts par le portier en présence de l'officier adjoint ou de l'agent principal et du détenu. Seuls les objets énumérés à l'article 109 sont remis à l'intéressé, qui en donne récépissé. Les autres objets reçoivent la destination indiquée à l'article 112.

§ 4. — *Correspondance des détenus.*

Correspondance des condamnés.

Art. 114. Sauf autorisation spéciale en cas exceptionnels ou imprévus, les condamnés ne sont admis à écrire des lettres qu'une fois par semaine et de préférence les dimanches et jours fériés.

Les porte-plume, plumes, encre, papier à lettres et enveloppes leur sont fournis gratuitement; les frais d'achat de ces objets et matières sont imputés sur les fonds de la masse d'habillement.

Les condamnés correspondent librement et sous lettres fermées avec les autorités judiciaires ou administratives. Pour toutes autres correspondances, ils sont soumis aux prescriptions suivantes :

Les lettres des condamnés, placées sous enveloppe, sans signe extérieur à l'adresse du destinataire, sont déposées, non fermées, dans une boîte dont la clef est entre les mains du commandant ou de l'agent principal.

Le commandant de l'établissement ou l'agent principal lit les lettres écrites par les condamnés ainsi que celles qui leur sont adressées.

Il communique immédiatement, et sous pli confidentiel, au commandant d'armes ou au général commandant la subdivision, lorsque le commandant de l'établissement est en même temps commandant d'armes, les lettres dont la remise ou l'envoi lui semble présenter des inconvénients.

Le commandant d'armes, ou le général commandant la subdivision, suivant le cas, juge si les lettres communiquées doivent être retenues.

En principe, les détenus punis sont privés de la faculté d'écrire. Le commandant de l'établissement reste juge des cas dans lesquels l'autorisation peut leur être accordée. S'il croit devoir la leur refuser, il avise de ce refus l'autorité militaire supérieure par un rapport motivé.

Toutes les lettres adressées aux détenus sont ouvertes par le commandant de l'établissement au rapport journalier, en présence du lieutenant adjoint et de l'officier comptable, et dans les prisons, en présence de l'adjudant greffier et d'un sergent-major.

Celles d'entre elles qui contiennent des mandats ou des valeurs sont l'objet d'un enregistrement sur un registre spécial (modèle n° 23). La mention suivante est apposée visiblement à l'encre rouge et signée des trois coopérants :

« Numéro d'inscription au registre de relevé des fonds et valeurs trouvés dans les lettres .

« La somme de (en billets de banque, bon de poste, mandat poste, timbres-postes ou obligations de n°) a été trouvée sous le pli contenant la présente lettre.

« A , le 19 . »

(Les trois signatures.)

Les mandats sont remis le jour même au vaguemestre pour être touchés; les fonds et valeurs sont remis incontinent à l'officier comptable ou à l'agent principal, qui en prend charge dans une colonne spéciale du registre susvisé.

L'officier comptable ou l'agent principal conserve les timbres-poste dans sa caisse et tient un carnet auxiliaire de distribution (modèle n° 24) au fur et à mesure des besoins de la correspondance.

Afin d'assurer le secret de la correspondance, le commandant de l'établissement doit toujours refermer, au moyen d'une bande gommée, les lettres adressées aux détenus après qu'il les a lues.

Correspondance des militaires détenus à titre préventif.

Art. 115. Les militaires détenus à titre préventif peuvent écrire tous les jours.

Ils correspondant librement et sous lettres fermées avec leur défenseur et avec les autorités judiciaires ou administratives. Les correspondances qui leur sont adressées par leur conseil et qui sont contresignées par celui-ci d'une manière apparente sur l'enveloppe ne sont pas lues.

Pour toutes les autres correspondances, ils sont soumis aux mêmes règles que les condamnés; de plus, leurs correspondances peuvent être communiquées aux commissaires du gouvernement et aux rapporteurs près les conseils de guerre.

Correspondance des militaires détenus à titre disciplinaire.

Art. 116. Les militaires détenus à titre disciplinaire peuvent écrire et recevoir librement des correspondances, sans qu'elles soient lues au départ ni à l'arrivée.

Affranchissement, à titre gratuit, des lettres des détenus.

Art. 117. Les détenus militaires bénéficient du droit à l'exemption de port pour l'expédition de deux lettres simples par mois, dans les conditions prévues par la loi du 29 décembre 1900.

Les établissements se conforment entièrement, pour l'application de ce droit et la tenue de la comptabilité des timbres, aux instructions données à ce sujet aux corps de troupes.

§ 5. — *Service de santé. Hygiène.*

Conditions d'exécution du service sanitaire.

Art. 118. Le service sanitaire de chaque établissement est confié, sur la proposition du directeur régional du service de santé, à l'un des médecins militaires de la place ou, à défaut, à un médecin civil.

Le médecin chargé du service dirige et surveille sous sa responsabilité l'infirmerie de l'établissement dans les conditions prévues par le règlement du 25 novembre 1889 sur le service de santé de l'armée, en ce qui concerne les infirmeries régimentaires, et par le décret sur le service de place (1). Il est tenu de

(1) Décret du 7 octobre 1909 (É. M., vol. 75), article 50.

se conformer aux ordres et consignes spéciaux relatifs à la police de l'établissement. Il visite les détenus malades tous les jours, aux heures fixées par le commandant d'armes, et à toute réquisition en cas d'événement imprévu.

Tous les mois, le médecins fait, à la salle de visite, en présence de l'officier adjoint ou de l'agent principal, une visite individuelle des détenus, dans les conditions prévues par le règlement sur le service intérieur des corps de troupe (1).

Il s'assure, toutes les fois qu'il le juge utile, que tout ce qui intéresse la salubrité et l'hygiène est observé dans l'établissement; il passe fréquemment dans les cuisines pour examiner la qualité des aliments. Il vérifie également la qualité des denrées et liquides mis en vente par l'entrepreneur de la cantine. Il transmet, s'il y a lieu, ses remarques et propositions au commandant de l'établissement.

Il doit ses soins à tous les militaires employés dans l'établissement et à leur famille.

Il donne aux gradés de l'établissement quelques indications sur l'emploi de certains médicaments et sur quelques points de médecine pratique.

Tous les ans, au moment de l'inspection générale, il établit un rapport spécial pour signaler les causes constatées ou présumées des maladies épidémiques et contagieuses qui ont pu se manifester dans l'établissement, les moyens hygiéniques employés pour les combattre, les précautions à prendre pour les faire cesser et en prévenir le retour.

Visite médicale des détenus (2).

Art. 119. Les détenus malades ou écroués depuis la veille sont présentés au médecin dans la salle de visite de l'infirmerie par un surveillant; ceux qui ne peuvent pas se lever ou qui sont soumis au régime de correction sont visités dans leur cellule.

Le médecin désigne, quand il y a lieu, les détenus qui doivent être envoyés à l'infirmerie ou transférés à l'hôpital. Le commandant de l'établissement, ou l'officier adjoint, ou l'agent principal accompagne le médecin pendant sa visite à l'établissement.

---

(1) Décret du 25 mai 1910 (É. M., vol. 78).

(2) Les accidents survenus aux condamnés militaires ne donnent jamais lieu à certificat d'origine de blessure. (Note du Bureau des Pensions, 3 janvier 1902, n° 29; circ. du 21 juillet 1902, *B. O.*, P. R., p. 1544.)

Discipline et surveillance des malades à l'infirmerie.

Art. 120. Les hommes traités à l'infirmerie ne peuvent avoir aucune communication avec les autres détenus; ils sont l'objet d'une surveillance spéciale.

Lorsque le médecin juge la promenade nécessaire à certains malades, ils sont conduits au préau sous la garde d'un surveillant à des heures différentes de celles qui sont attribuées aux autres détenus.

Les officiers malades non envoyés à l'hôpital sont traités dans leur chambre.

Régime alimentaire des détenus à l'infirmerie. Chauffage et éclairage de l'infirmerie.

Art. 121. La nourriture des malades est, en principe, la même que celle des autres détenus, mais elle peut varier quant à l'espèce et à la quantité des aliments, selon les prescriptions du médecin.

Les allocations de chauffage et d'éclairage nécessaires à l'infirmerie sont comprises dans le procès-verbal dressé pour l'ensemble de l'établissement. Le médecin règle le chauffage des locaux affectés aux malades et de la salle de visite.

Habillement des détenus à l'infirmerie.

Art. 122. Les hommes admis à l'infirmerie échangent contre des effets d'habillement hors de service les vêtements dont ils sont porteurs; ceux-ci sont déposés au magasin après avoir été nettoyés et sont rendus aux intéressés à leur sortie.

Admission des détenus dans les hôpitaux.

Art. 123. L'admission et le traitement des détenus dans les hôpitaux ont lieu conformément au règlement sur le service de santé. Le transfèrement et la réintégration sont effectués conformément à l'article 44 ci-dessus.

Fourniture du matériel, des médicaments, objets de pansement et d'exploitation. Bandages herniaires et lunettes.

Art. 124. Il est pourvu à la fourniture des bandages herniaires et lunettes nécessaires aux hommes de l'établissement, dans les conditions indiquées par le règlement sur le service de santé pour les infirmeries régimentaires.

Les médicaments et objets de pansement sont demandés au service de santé, à charge de remboursement sur les crédits de la justice militaire. Le matériel et les objets d'exploitation nécessaires à l'infirmerie figurent dans la nomenclature générale du service de la justice militaire; ils sont fournis et réformés ainsi qu'il est dit aux articles 227 et 233.

Registres et écritures à tenir.

Art. 125. Les registres sont analogues à ceux prescrits par le règlement sur le service de santé de l'armée à l'intérieur pour les infirmeries régimentaires, réduits strictement aux besoins du service.

Imputation des dépenses d'infirmerie.

Art. 126. Il n'est pas constitué de masse d'infirmerie dans les établissements pénitentiaires militaires. Les frais de nourriture des détenus soumis au régime normal ou au régime spécial sont supportés par la masse d'ordinaire. Les dépenses d'achat de registres, d'imprimés et d'objets divers sont, dans la limite de 12 francs par an, imputées à la masse d'habillement.

§ 6. — *Exercice des cultes.*

Conditions d'exécution.

Art. 127. L'exercice des cultes comporte l'assistance individuelle des détenus valides ou malades qui la désirent, ainsi que les exercices collectifs célébrés, suivant les usages consacrés pour chaque religion, sur la demande d'un ou plusieurs détenus.

En ce qui concerne l'assistance individuelle, le commandant de l'établissement fait appeler, si cela est possible, le ministre du culte qui est désigné nominativement par le détenu intéressé, et lui accorde l'autorisation de se rendre auprès de ce dernier sans avoir à s'occuper de la validité de ses pouvoirs religieux.

Il peut toutefois, après avoir au besoin demandé avis au commandant d'armes, refuser l'autorisation au ministre du culte désigné, si son introduction dans l'établissement lui paraît présenter des inconvénients au point de vue de la police et de la discipline.

Lorsque l'assistance d'un ministre du culte est réclamée sans désignation nominative, pour des pratiques religieuses individuelles, ou s'il s'agit de pourvoir à des exercices collectifs, le commandant de l'établissement s'adresse au ministre du culte désigné préalablement par l'autorité militaire.

A cet effet, le commandant de l'établissement se met en rapport avec les représentants, dans la place, des associations cultuelles formées par application de la loi du 9 décembre 1905, ou des associations de droit commun constituées conformément à la loi du 2 janvier 1907 pour subvenir à l'exercice public du culte.

A défaut d'association de l'une ou de l'autre catégorie, le commandant de l'établissement s'adresse directement aux ministres des cultes en résidence dans la place ou à proximité. Ceux-ci doivent, le cas échéant, justifier des titres nécessaires à l'exercice de leur sacerdoce.

Les propositions sont alors soumises à l'approbation du général commandant le corps d'armée.

Si le choix d'un ministre du culte présente des difficultés, soit à raison de la vérification des titres ecclésiastiques, soit par suite de toute autre circonstance, l'autorité militaire consulte l'administration préfectorale.

Les ministres des différents cultes, désignés comme il vient d'être dit, exercent librement leur ministère, à la condition qu'il ne soit porté aucune atteinte aux règles de police et de discipline. Les jours et heures des exercices collectifs sont fixés par l'autorité militaire, de concert avec le représentant du culte intéressé.

Les servants du culte peuvent être choisis, par le commandant, parmi les détenus, avec leur consentement, sur la proposition du ministre du culte intéressé.

Indépendamment de la chapelle affectée au culte catholique, un local est réservé pour les exercices des autres cultes.

Indemnités aux ministres des différents cultes.

Art. 128. Les ministres des différents cultes reçoivent, pour chaque déplacement, une indemnité de trois francs payable après chaque visite, soit périodiquement, sur état d'émargement visé par le commandant de l'établissement.

Les menues dépenses occasionnées par l'entretien de la chapelle sont payées directement par l'établissement. Quant aux frais spéciaux que comporte la célébration de la messe, ils sont à la charge de l'officiant, qui reçoit à cet effet un supplément de vacation d'un franc pour chaque exercice comportant cette célébration.

Les nouvelles dispositions de l'article 128 relatives aux frais de l'exercice des cultes ont été mises en vigueur à partir du 1er janvier 1908.

§ 7. — *Enseignement mutuel.*

Nature de l'enseignement.

Art. 129. Dans chaque établissement il est organisé une école d'enseignement primaire obligatoire pour les condamnés illettrés, sachant seulement lire ou imparfaitement écrire.

Toutefois, l'école ne fonctionnera que lorsque le nombre des détenus s'élèvera à cinq au moins.

Cet enseignement comprend :

La lecture;
L'écriture;
L'arithmétique (1er degré).

L'école est faite les dimanches et jours fériés par le moniteur général. Lorsque l'importance de l'effectif de l'école l'exige, il peut être assisté par un ou plusieurs moniteurs choisis parmi les détenus.

Chaque séance d'enseignement doit durer au moins une heure.

Matériel de l'école et bibliothèque.

Art. 130. Les allocations pour le matériel de l'école sont fixées, pour chaque établissement, selon le nombre des détenus, par le Ministre de la guerre.

Chaque établissement est doté d'une collection de livres destinés à être confiés aux détenus, les dimanches et jours fériés seulement.

Toutefois, en cas de chômage, les détenus pourront recevoir communication des ouvrages pendant les jours de la semaine; en tous cas, cette faculté doit, en principe, être accordée aux prévenus et aux accusés.

La bibliothèque est confiée au moniteur général, qui en est responsable et tient le catalogue-inventaire des ouvrages.

En dehors des ouvrages fournis par le Ministre, le commandant a seul la responsabilité du choix des livres. Il doit soumettre chaque année à l'inspecteur général la liste des livres introduits depuis l'inspection précédente.

CHAPITRE III.

ALIMENTATION.

Organisation générale du service.

Art. 131. Il est pourvu à l'alimentation des détenus, tant à l'intérieur des établissements que sur les chantiers extérieurs, au moyen de prestations en deniers qui constituent la masse d'ordinaire de chaque établissement.

Recettes de la masse d'ordinaire.

Art. 132. Les recettes de l'ordinaire sont :

1° La prime fixe destinée à faire face à l'achat de toutes les denrées autres que la viande.

Le taux de cette prime est ainsi fixé :

Etablissements de l'intérieur : 0 fr. 18.

Etablissements de l'Algérie et de la Tunisie : 0 fr. 22.

Détachements sur les chantiers extérieurs : 0 fr. 24, avec supplément de 0 fr. 03 pour assurer la distribution de sucre et de café (art. 138);

2° La prime de viande calculée sur les bases de celle des corps de troupe, au taux moyen de 145 grammes par jour;

3° L'indemnité représentative de la ration hygiénique, en cas d'épidémie, au taux de 0 fr. 03 à l'intérieur et 0 fr. 05 en Algérie et en Tunisie;

4° Le remboursement, par les corps de troupe, des frais de nourriture des hommes punis disciplinairement (art. 140);

5° Le produit de la vente des issues et eaux grasses;

6° La valeur des amendes infligées aux fournisseurs;

7° La moitié de la valeur des moins-perçus en pain, constatés en fin d'exercices après balance avec les trop-perçus;

8° Les allocations spéciales faites pour les détachements se trouvant dans des conditions particulièrement onéreuses.

La prime de viande et la prime fixe sont allouées avec la ration complète de pain pour les hommes qui quittent l'établissement après y avoir pris le repas du matin; aucune allocation n'est faite pour ceux qui y prennent seulement le repas du soir.

Perception des allocations.

Art. 133. Les allocations prévues à l'article précédent, sous les n°s 1°, 2°, 3° et 8°, sont dues pour chaque journée de présence de détenu ou de passager, à l'exception des officiers et des sous-officiers à solde mensuelle, et sont perçues par mois et à terme échu sur état du modèle n° 25.

Les sommes avancées pour la nourriture des hommes punis disciplinairement sont remboursées sur la production d'un état nominatif établi par le commandant de l'établissement à l'expiration des punitions et adressé au corps intéressé après visa par le sous-intendant militaire. Un double de l'état appuie la recette.

Le montant de la moitié des moins-perçus en pain fait l'objet d'un ordonnancement spécial sur les crédits du service des vivres de l'exercice que les droits concernent. Le mandat est appuyé d'un extrait du décompte de libération, certifié par le sous-intendant militaire qui a arrêté ledit décompte.

Les autres recettes sont constatées par un état décompté des sommes dues, émargé par le débiteur et visé par le sous-intendant militaire.

Toutes les sommes perçues au titre de la masse d'ordinaire donnent lieu à inscription au registre-journal et à la centralisation. Il en est de même des dépenses.

Dépenses de la masse d'ordinaire.

Art. 134. La masse d'ordinaire supporte les dépenses ci-après :

1° L'achat de pain de soupe, de viande fraîche, de condiments, de légumes frais ou secs, de boissons hygiéniques (telles que la glyzine et le thé dont la cession peut être demandée au service de santé) et de toutes denrées (autres que le pain de repas) nécessaires à la nourriture des détenus;

2° L'achat des denrées diverses pour les détenus nourris au régime spécial à l'infirmerie;

3° Le payement de la valeur du pain de repas perçu en sus des allocations pour les détenus faméliques, sur avis du médecin chargé du service sanitaire;

4° Le remboursement du prix des denrées perçues en nature dans les magasins de l'administration;

5° L'achat des livrets d'ordinaire et des relevés, ainsi que des carnets de commande de denrées;

6° Les frais de toute nature que peut entraîner la passation des marchés, à l'exception des droits de timbre et, le cas échéant, des droits d'enregistrement.

Les dépenses étrangères à l'alimentation proprement dite sont, comme dans les corps de troupe, imputées à la masse d'habillement.

Les pièces justificatives des dépenses de la masse d'ordinaire dont le montant excède 10 francs, doivent être, comme celles des autres masses, revêtues du timbre de quittance de 10 centimes. Ce timbre est à la charge du fournisseur (article 29 de la loi du 13 brumaire an VII).

Gestion de l'ordinaire.

Art. 135 (1). a) *Dispositions communes.* — La fourniture des denrées nécessaires aux ordinaires donne lieu à des marchés passés par le conseil d'administration ou l'agent principal et, dans ce dernier cas, approuvés par le commandant d'armes.

Pour toutes les questions de détail relatives aux marchés à passer au titre de la masse d'ordinaire et à la gestion de ce service, il y a lieu de se reporter aux dispositions insérées dans le règlement sur la gestion des ordinaires de la troupe, qui sont applicables aux établissements pénitentiaires dans la mesure que comporte leur organisation spéciale.

Chaque jour, le gérant de l'ordinaire détermine, d'après l'effectif, les quantités de denrées présumées nécessaires pour le lendemain. Il les inscrit à cette date du lendemain, en indiquant l'heure où la livraison devra avoir lieu, sur un simple carnet, tracé à la main, remis au fournisseur ou à son fondé de pouvoirs, et qui est représenté au moment de la livraison de chaque jour.

Le gérant de l'ordinaire procède à la réception des denrées et refuse celles qu'il juge ne pas être de bonne qualité. Il inscrit ensuite les quantités reçues, d'abord dans une deuxième colonne du carnet, en regard des quantités prévues la veille, puis au livret d'ordinaire (modèle n° 13). Ce dernier est décompté tous les mois en quantités et valeur; il est certifié et arrêté par le gérant de l'ordinaire, puis vérifié par le commandant d'armes ou le commandant de l'établissement. Le décompte sert à la vérification des factures des fournisseurs.

Les contestations qui peuvent s'élever entre le gérant de l'ordinaire et les fournisseurs, au sujet de la qualité des denrées, sont soumises, suivant le cas, au conseil d'administration ou au commandant d'armes, qui statue après avoir pris au besoin l'avis du médecin chargé du service de l'établissement ou du détachement. La décision est immédiatement exécutoire. Le cahier des charges,

---

(1) Lorsque le commandant d'armes le jugera utile, la prison pourra être comprise dans les marchés d'ordinaire d'un des corps de troupe de la garnison.

établi dans la mesure du possible, suivant la forme indiquée par le règlement sur la gestion des ordinaires de la troupe, détermine les conditions dans lesquelles doit avoir lieu le remplacement des denrées refusées, soit par les soins du fournisseur, soit à ses risques et périls.

En aucun cas, la gestion de l'ordinaire ne doit occasionner la sortie des détenus. Les fournisseurs seront toujours astreints à effectuer les livraisons dans l'établissement ou en un point qui leur sera désigné, s'il s'agit d'un détachement.

Le gérant tient, sur le livret d'ordinaire, l'inventaire permanent du matériel existant pour le service de l'ordinaire. La situation y est arrêtée le 31 décembre et à chaque mutation du gérant.

Toutes les dépenses concernant la masse d'ordinaire sont inscrites au registre-journal des recettes et dépenses et au registre de centralisation.

b) *Dispositions spéciales aux prisons.* — Dans les prisons, la gestion de l'ordinaire appartient à l'agent principal.

Pour les denrées, les fournisseurs établissent leurs factures à la fin de chaque mois. L'agent principal acquitte ces factures après les avoir vérifiées au moyen du livret d'ordinaire, ainsi qu'il est dit ci-dessus. Les dépenses d'entretien prévues à l'article 134 sont engagées et acquittées également par l'agent principal.

c) *Dispositions spéciales aux pénitenciers et ateliers de travaux publics.* — Il n'existe qu'une masse d'ordinaire par établissement, quel que soit le nombre des détachements. La prime journalière étant basée sur des moyennes, les économies réalisées sur certains points doivent servir à parfaire les frais d'alimentation des détachements qui, par suite de circonstances locales, ne pourraient assurer l'alimentation de leur effectif avec les primes qui leur reviennent normalement.

Toutefois, lorsque des détachements se trouveront dans des conditions particulièrement onéreuses et que les ressources de la masse d'ordinaire ne permettront pas d'y satisfaire, le Ministre pourra, sur la proposition du général commandant le 19e corps d'armée, accorder, pour les hommes de ces détachements, une allocation spéciale.

La gestion des ordinaires est assurée par l'officier adjoint au commandant à la portion centrale, et par les commandants de détachements sur les chantiers extérieurs.

Il est tenu à la portion centrale et dans chaque détachement un livret d'ordinaire (modèle n° 13). Les résultats mensuels des livrets d'ordinaire des détachements sont reportés au livret de la portion centrale, de manière que celui-ci fasse ressortir les recettes et les dépenses de l'ensemble de la gestion. A cet effet, les chefs de détachement établissent à la fin de chaque mois un relevé (modèle n° 13 *bis*) des recettes et des dépenses du mois.

Ce relevé, adressé à la portion centrale, est vérifié par l'officier adjoint au commandant, qui inscrit les résultats à son livret d'ordinaire.

Les factures des fournisseurs sont établies mensuellement et remises, pour visa, à l'officier adjoint au commandant; l'officier d'administration comptable les acquitte, après vérification, au moyen du livret d'ordinaire pour la portion centrale et des relevés des recettes et des dépenses pour les détachements.

A la portion centrale, les factures concernant les dépenses d'entretien, prévues à l'article 134, sont également payées par l'officier comptable sur factures préalablement visées par l'officier adjoint. Sur les chantiers extérieurs, ces menues dépenses peuvent être payées par les chefs de détachements comme il est dit à l'article 198.

d) *Alimentation en cours de route des militaires voyageant sous escorte de la gendarmerie.* — Les détenus transférés qui n'auront pu recevoir à la prison, avant le départ, le repas du matin ou celui du soir, et qui ne pourront le prendre à la prison d'arrivée en raison de l'heure, recevront par les soins de l'agent principal de la prison de départ, pour chaque repas à consommer en cours de route, une ration de 125 grammes de viande de conserve et une demi-ration de pain (1).

Fonds d'économie de l'ordinaire.

Art. 136. Dans aucun cas, les excédents de recettes de la masse d'ordinaire ne peuvent être employés à modifier le régime alimentaire des détenus tel qu'il résulte de l'article 138.

Des nivellements de masse peuvent être prescrits par le Ministre. En fin d'année, après les nivellements, la portion du boni excédant la somme nécessaire pour constituer une réserve dont le taux est fixé par le Ministre d'après l'effectif moyen de l'établissement pendant l'année écoulée, est versée au Trésor.

(1) Le surplus des boîtes entamées est utilisé pour la nourriture des détenus. (L. au 11e corps d'armée, 24 août 1901.)

Perceptions en nature.

Art. 137. La fourniture du pain de repas, et exceptionnellement la fourniture des denrées de toute sorte, est assurée d'après les règles déterminées par le règlement sur le service de la solde et des revues et celui des subsistances militaires.

Le total des perceptions est reporté sur la feuille de journées trimestrielle de l'établissement.

Lorsque, au contraire, des denrées sont perçues à titre remboursable, ces perceptions sont considérées comme des cessions faites par le service des subsistances aux établissements pénitentiaires et le remboursement est effectué conformément aux règles tracées par l'instruction du 18 octobre 1909 sur le service des subsistances en temps de paix.

Taux de la ration.

Art. 138. Le régime alimentaire de tous les détenus ou passagers indistinctement, à l'exception des officiers et sous-officiers ou employés militaires à solde mensuelle, est le même dans tous les établissements pénitentiaires et comprend, indépendamment de la ration individuelle de pain de 0 kilogr. 750 :

Le repas du matin, composé d'une soupe avec viande;

Le repas du soir, composé d'une soupe maigre, sauf le jeudi et le dimanche, où cette soupe est remplacée par un rata.

La quantité minima de denrées à mettre dans la marmite pour la ration normale est fixée, en principe, ainsi qu'il suit pour un effectif de 100 détenus :

Repas du matin.

Viande, saison fraîche, 14 kilogrammes.
Viande, saison chaude, 15 kilogrammes.
Pain (1), 9 kilogr. 300.
Légumes, 10 kilogrammes.
Assaisonnement.

Repas du soir.

Pain (1), 9 kilogr. 300.
Saindoux, 2 kilogr. 500.
Légumes secs, 20 litres ou 16 kilogrammes.

---

(1) On utilise, pour la préparation de la soupe, le pain ordinaire perçu à titre remboursable, ainsi que les croûtes et autres déchets restant au moment de la distribution et préalablement taillés très menus.

Pommes de terre, 10 litres ou 6 kilogr. 600.
Assaisonnement.

Rata le jeudi et le dimanche soir.

Légumes secs, 45 litres ou 30 kilogrammes.
Pommes de terre, 15 litres ou 10 kilogrammes.
Graisse, 1 kilogramme.
Assaisonnement.

La durée de la saison chaude est fixée du 1er avril au 30 septembre.

Les détenus militaires des portions centrales des établissements pénitentiaires et ceux détachés près des places où du porc salé et des viandes de conserve sont entretenus participent aux distributions de ces denrées d'après les taux de ration ci-dessous :

Saison froide..	Porc salé.	115 grammes.
	Viandes de conserve.........	95 —
Saison chaude.	Porc salé.	120 grammes.
	Viandes de conserve........	100 —

Les détenus participent également aux distributions de pain de guerre dans les mêmes conditions que les troupes de la place.

En Algérie et en Tunisie, la ration de sucre et café allouée à la troupe est délivrée aux condamnés qui travaillent sur des chantiers extérieurs ou qui voyagent par étapes pour se rendre sur les chantiers ou en revenir; la dépense est imputable sur les fonds de l'ordinaire.

Les hommes incarcérés ou écroués après 9 heures du matin ou après 4 heures de l'après-midi devront avoir consommé le repas du soir à leur corps ou avoir reçu les vivres de route pour le repas du soir.

Allocations extraordinaires en cas de maladies contagieuses ou d'épidémie.

Art. 139. Dans le but de prévenir la propagation des maladies contagieuses en temps d'épidémie, le Ministre peut, sur la demande de l'autorité militaire supérieure et l'avis du directeur du service de santé de la région, autoriser la distribution de boissons toniques.

Les détenus ne peuvent, en aucun cas, participer aux distributions extraordinaires accordées aux militaires à titre de réjouissance publique.

Alimentation et entretien des militaires détenus à titre disciplinaire, ainsi que des officiers et sous-officiers condamnés ayant conservé leur grade.

Art. 140. En principe, les militaires non officiers détenus à titre disciplinaire sont, quel que soit leur grade, nourris à l'ordinaire de l'établissement.

Le pain de repas est perçu au titre des corps qui remboursent, dans les conditions indiquées à l'article 133 ci-dessus, le montant de la prime de viande et de la prime fixe. Une redevance de 0 fr. 02 par jour et par homme est également due par eux à la masse d'habillement de l'établissement pour couvrir les dépenses étrangères à l'alimentation. La prime de couchage est versée en entier par les corps à l'établissement.

Les officiers et assimilés, les sous-officiers et assimilés jouissant d'une solde mensuelle, qui ont conservé leur grade, peuvent, sur leur demande, être nourris à l'ordinaire de la prison, contre remboursement sur leur solde de la valeur des allocations correspondantes, ou recevoir leur nourriture par l'intermédiaire d'un traiteur agréé par le commandant de l'établissement.

Le commandant d'armes fixe, sur la proposition de l'agent principal, la composition des repas ainsi fournis, qui ne doivent pas assurer un régime plus abondant que celui des pensions d'officiers ou de sous-officiers.

Les repas ne doivent pas comporter plus de trois quarts de litre de vin par jour pour les officiers et plus d'un demi-litre pour les sous-officiers. L'usage de l'eau-de-vie, de l'absinthe et des liqueurs est interdit.

Les officiers prennent leur repas individuellement dans leur chambre.

Les sous-officiers détenus mangent ensemble dans le réfectoire de la prison; ils sont tenus d'observer le silence absolu.

Les sommes dues au traiteur sont réglées directement par les intéressés, par l'intermédiaire de l'agent principal.

Conditions dans lesquelles les détenus peuvent améliorer leur ordinaire.

Art. 141. Les détenus dont la conduite est satisfaisante peuvent améliorer leur nourriture par prélèvement sur leur fonds particulier dans les conditions indiquées à l'article 207 ci-après.

Les militaires voyageant sous escorte de la gendarmerie peuvent être autorisés par le chef d'escorte à acheter en cours de route des vivres supplémentaires et des boissons lorsque les circonstances permettront ces achats sans nuire à la surveillance.

Il ne peut être permis d'acheter plus d'un demi-litre de vin en vingt-quatre heures ou d'un demi-litre de bière; les alcools sont absolument interdits.

Fourniture des objets de cantine.

Art. 142. Des conventions annuelles sont passées par le conseil d'administration ou l'agent principal pour la fourniture aux détenus des aliments supplémentaires et objets divers déterminés par le Ministre.

Les cantiniers sont tenus, pour la vente du tabac, de se munir de l'autorisation de la régie des contributions directes.

La cantine est ouverte immédiatement après chaque repas, uniquement pendant le temps nécessaire pour la distribution des denrées ou objets demandés par les détenus.

Les militaires préposés à la garde et à la surveillance des détenus peuvent également se pourvoir à la cantine, au prix du tarif, des vivres et objets qui sont énumérés dans les conventions, sans cependant que cette faculté puisse avoir pour effet de prolonger la durée d'ouverture de la cantine.

La convention spécifiant le tarif des quotités et des prix des aliments supplémentaires et objets divers que les détenus peuvent se procurer à leurs frais est approuvée annuellement par le général commandant la subdivision, sur la proposition du conseil d'administration ou de l'agent principal transmise par lettre du sous-intendant militaire contenant avis motivé. Cette convention est rédigée sur papier libre.

Feuilles de cantine.

Art. 143. Les détenus ne pouvant avoir en mains aucune somme, l'entrepreneur spécial des vivres supplémentaires leur délivre les fournitures sur le vu de feuilles de cantine (modèle 26) dressées par les chefs de section et approuvées par l'officier adjoint, ou l'adjudant de surveillance, ou l'agent principal.

A cet effet, les sergents de section, au moment de l'appel du soir, inscrivent sur les états en question les objets ou denrées demandés par chaque détenu en regard de leur nom.

Preuve de la distribution des denrées.

Art. 144. L'adjudant de surveillance dans les ateliers et pénitenciers, le chef de détachement dans les détachements ou l'agent principal assiste à la distribution des denrées. Il raye des denrées demandées celles qui, pour une cause quelconque, n'auraient pu être distribuées, totalise les feuilles de cantine et appose, sur chacune d'elles, la mention : « Certifié la distribution des denrées ci-dessus indiquées dont le montant total s'élève à la somme de..... »

Il veille à ce que les intérêts des condamnés ne soient pas lésés sous le rapport du poids ou de la qualité des denrées.

Registre de cantine.

Art. 145. Il est tenu dans chaque établissement, par les soins de l'officier d'administration comptable ou de l'agent principal, un registre de cantine (modèle 27) portant en regard de chaque nom et dans des colonnes distinctes, par dates, inscription de la dépense journalière.

Ce registre est totalisé par individu, de manière à faire ressortir la dépense de chaque condamné pendant la quinzaine et à fournir ainsi les chiffres à porter au débet des comptes courants et du livret de détention. Il est établi au moyen des duplicata des feuilles de cantine remises par l'adjudant de surveillance ou par les chefs de détachement.

Paiements des denrées et objets fournis par l'entrepreneur de la cantine.

Art. 146. L'entrepreneur établit, en fin de quinzaine, un relevé des sommes auxquelles sont arrêtées les feuilles de cantine (modèle 28).

Il joint à ce relevé les feuilles de cantine correspondantes.

Il donne acquit de la somme reçue par lui sur le relevé, qui est conservé pendant cinq ans dans les archives de l'établissement avec les pièces justificatives.

CHAPITRE IV.

HABILLEMENT ET CAMPEMENT.

Service de l'habillement dans les divers établissements pénitentiaires.

Art. 147. Les effets d'habillement, de coiffure et de petit équipement, spéciaux aux condamnés des pénitenciers militaires et ateliers de travaux publics, figurent dans la description des uniformes (*B. O.*, édition refondue, volume 105).

Le décret et l'instruction du 8 août 1895 règlent le fonctionnement du service de l'habillement dans ces établissements, ainsi que les dispositions concernant la masse d'habillement et d'entretien.

En Afrique, les détachements de condamnés reçoivent les objets de campement nécessaires dans les mêmes conditions que les militaires des corps de troupe.

L'instruction du 30 mars 1900 règle le fonctionnement du service de l'habillement des condamnés dans les prisons.

La journée au cours de laquelle le militaire condamné est écroué donne droit à la prime; celle au cours de laquelle il est libéré ne donne droit à aucune allocation.

Marques distinctives et insignes.

Art. 148. Afin de permettre de désigner uniquement et dans tous les cas les détenus par leur numéro d'écrou, et de créer un signe apparent de distinction entre les condamnés pour délits militaires et les condamnés pour délits de droit commun, les vareuses, bourgerons et capots des détenus de tous les établissements pénitentiaires militaires portent, sur le côté gauche de la poitrine, une bande de drap sur laquelle est appliqué le numéro d'écrou.

Cette bande est en drap gris bleu avec chiffres rouges de $0^m,025$ de hauteur pour les condamnés de la première catégorie (1) (délits de droit commun) et en drap garance avec chiffres jaunes pour les condamnés de la deuxième catégorie (délits militaires).

Les bandes de drap sont prises dans des effets hors de service; elles ont $0^m,10$ de longueur sur $0^m,05$ de largeur. Les chiffres destinés à composer les numéros d'écrou et les effets de service en drap garance et gris bleu sont cédés par un corps de troupe stationné autant que possible dans la place.

Pendant la durée du travail, les détenus chefs et sous-chefs d'atelier ou de chantier portent au tiers supérieur du bras gauche un brassard en drap garance. Cet insigne est formé d'une bande de drap piquée sur son pourtour; l'une des extrémités est garnie d'une boucle à barrette à trois ardillons en fer étamé et présente, à $0^m,01$ environ en arrière de cette boucle, une fente ourlée de $0^m,04$ de hauteur, percée dans le sens de la hauteur de l'effet. Cette fente est destinée à recevoir l'autre extrémité arrondie du brassard. Les dimensions sont les suivantes :

---

(1) Terminologie du décret du 30 mars 1900 sur les établissements pénitentiaires militaires.

Longueur apparente développée de l'enchapure de la boucle à la pointe (environ). . .		$0^m,400$
Hauteur du brassard	mesurée au milieu (environ)	$0^m,065$
	— près de l'enchapure de la boucle (environ).	$0^m,045$
	— à l'extrémité libre terminée en pointe arrondie à 0,03 du bout de cette pointe	$0^m,074$
Boucle.	Longueur dans	$0^m,040$
	Hauteur dans	$0^m,017$

Une bande de drap bleu foncé de $0^m,015$ de largeur est cousue horizontalement sur le brassard des chefs d'atelier.

Prescriptions relatives à certains effets spéciaux.

Art. 149. Le havresac prévu dans la nomenclature des effets de grand équipement à délivrer aux hommes des ateliers de travaux publics et des pénitenciers est remplacé, au fur et à mesure des mises hors de service, par un étui-musette.

Dans les établissements pénitentiaires d'Algérie et de Tunisie, la ceinture de flanelle est distribuée aux hommes auxquels cet effet est reconnu nécessaire par le médecin.

L'approvisionnement doit être maintenu constamment en état de pourvoir à tout besoin.

Toute distribution générale ou partielle de cet effet est obligatoire lorsqu'elle est demandée par le médecin chargé du service sanitaire de l'établissement ou d'un détachement.

Dans les pénitenciers et ateliers, ceux des effets de drap qui sont inutilisés pendant la belle saison sont retirés aux hommes, réunis en paquets individuels portant le numéro d'écrou du condamné et déposés au magasin.

Les titulaires des paquets ou, au besoin, des hommes de corvée font subir les manutentions nécessaires à ces effets.

Vêtements et effets apportés par les hommes internés dans les établissements pénitentiaires.

Art. 150. Les condamnés écroués dans les pénitenciers militaires et ateliers de travaux publics y arrivent détenteurs de la totalité des effets apportés par eux en prison au moment où ils ont été incarcérés à titre préventif.

Le comptable de l'établissement fait l'inventaire des effets en question en présence du chef d'escorte et signale les manquants au commandant d'armes, qui prescrit, après enquête, l'imputation à qui de droit.

Tous les effets apportés sont retirés à l'homme et versés au magasin d'habillement, où ils constituent un approvisionnement destiné à habiller les condamnés lors de leur sortie définitive, comme il est dit à l'article suivant.

Habillement des détenus quittant l'établissement pénitentiaire ou entrant à l'hôpital.

Art. 151. Les détenus des prisons transférés d'un établissement sur un autre, ou rejoignant leur corps, revêtent, pour la route, les effets d'habillement, linge et chaussures, dont ils étaient porteurs au moment de leur incarcération et emportent les autres objets de petit équipement dont ils étaient détenteurs lors de leur arrivée.

Les condamnés renvoyés directement dans leurs foyers emportent les effets indiqués au règlement sur le service de l'habillement (1).

Les dispositions de l'article 59 de l'instruction jointe à ce règlement leur sont applicables.

Des mesures analogues sont appliquées aux détenus des pénitenciers et ateliers de travaux publics qui reçoivent des effets à l'uniforme de leur arme prélevés sur l'approvisionnement constitué comme il est dit à l'article précédent.

Toutefois, les détenus des ateliers et pénitenciers d'Algérie transférés d'un établissement sur un autre voyagent avec des effets de condamnés.

Les officiers ou assimilés ayant subi une condamnation entraînant la perte de leur grade voyagent, en principe, avec des effets civils leur appartenant. A défaut, l'autorité militaire locale leur fait délivrer les effets de soldat nécessaires par un corps de troupe de la garnison; ces effets sont ensuite renvoyés à l'établissement pénitentiaire, qui les restitue au corps de troupe livrancier sans indemnité.

Les frais de transport sont à la charge de la masse d'habillement de l'établissement auquel appartenait le condamné.

Les condamnés envoyés à l'hôpital conservent, pendant le transfert, les effets dont ils sont porteurs dans le pénitencier ou l'atelier de travaux publics.

Les hommes des corps de l'armée coloniale et de la marine revêtent leurs effets de troupe pour rejoindre leur corps d'origine comme pour rejoindre les bataillons d'infanterie légère d'Afrique. Dans ce dernier cas, le conseil d'administration du bataillon d'infanterie légère d'Afrique s'entend avec le corps de

---

(1) Décret du 22 janvier 1907 (É. M., vol. 3), tableau A.

troupe de l'armée coloniale ou de la marine sur la destination à donner aux effets dont l'homme est porteur.

Détenus quittant l'établissement pendant la saison froide.

Art 152. Lorsque des militaires écroués pendant la belle saison et porteurs d'un dolman, d'une tunique ou d'une veste sont appelés à quitter l'établissement pendant la saison froide, le conseil d'administration ou l'agent principal se conforme aux dispositions prévues dans l'instruction du 30 mars 1900, relative au service de l'habillement dans les prisons.

Dépôts d'effets à l'uniforme des ateliers de travaux publics dans certaines prisons. — Parade d'exécution.

Art. 153. Aux termes du décret sur le service de place (1), les militaires condamnés aux travaux publics doivent être revêtus de l'uniforme prévu par l'article 193 du Code de justice militaire pour entendre la lecture du jugement.

Pour assurer l'exécution de ces dispositions dans les places où siègent les conseils de guerre, il est constitué en dépôt à la prison militaire, par les soins du service de l'intendance militaire, un approvisionnement, appartenant à l'Etat, des effets désignés ci-après :

Vareuse, pantalon, casquette à visière : en drap marron foncé.

L'approvisionnement constitué devra comporter, au maximum, une demi-douzaine de collections comprenant les tailles et les pointures les plus employées dans la région, de manière à parer à tous les besoins.

Les condamnés sont pourvus d'une collection de ces effets pour assister à la parade d'exécution; ils reprennent ensuite les vêtements qu'ils ont apportés de leur corps pour rejoindre l'établissement où ils doivent subir leur peine.

Nivellement de masse.

Art. 154. Le Ministre peut, en cas d'insuffisance de ressources de la masse d'habillement dans un ou plusieurs établissements, opérer tels nivellements qui pourront être utiles entre l'avoir des masses des divers établissements.

---

(1) Décret du 7 octobre 1909 (É. M., vol. 75), article 59.

CHAPITRE V.

COUCHAGE ET AMEUBLEMENT.

Fonctionnement du service.

Art. 155. L'instruction sur le service du couchage et de l'ameublement dans les troupes métropolitaines est applicable aux établissements pénitentiaires militaires, sous les réserves suivantes :

a) Sont au compte de la masse de couchage et d'ameublement les dépenses concernant :

1° L'achat, l'entretien et le renouvellement du matériel de couchage nécessaire aux détenus et aux sous-officiers comptables et surveillants;

2° Le lavage des effets compris dans ce matériel de couchage;

3° La fourniture de la paille de couchage et l'achat de sacs pour le transport du linge sale;

4° L'achat, l'entretien et le renouvellement du mobilier des différents locaux, par analogie avec les dispositions prévues pour l'ameublement du casernement des corps de troupe. Exception est faite pour les baquets de propreté, qui sont fournis et entretenus par le service du génie, comme les tinettes mobiles des latrines du casernement.

Le taux des allocations est celui déterminé par le tarif n° 1 annexé à l'instruction sur le service du couchage. Les journées de présence d'officiers et assimilés, prévenus ou condamnés à une peine ne comportant pas la perte du grade, ne donnent droit à aucune perception de prime; la masse de couchage et d'ameublement des établissements qui entretiennent, à cet effet, des ameublements spéciaux, peut recevoir, en cas de besoin, des allocations globales supplémentaires dont le montant est fixé par le Ministre.

b) Le couchage des détenus est assuré au moyen d'un lit comprenant : un châlit en fer avec planches ou sommier métallique, une paillasse garnie de 10 kilogrammes de paille, un traversin garni de 2 kilogrammes de paille, une couverture en laine, un couvre-pieds en laine, une paire de draps de lit et une deuxième paire pour les échanges. Ces objets sont semblables à ceux prévus à la description annexée à l'instruction précitée.

L'échange de la paille est fait obligatoirement tous les quatre mois.

Les détenus à l'infirmerie ont le même couchage que les malades dans les infirmeries régimentaires, et le matériel porte les marques spéciales prévues à l'article 31 de la même instruction.

c) Dans les prisons militaires, l'agent principal est considéré, au point de vue de l'exécution du service du couchage, comme un commandant d'unité formant corps.

Dans les pénitenciers et les ateliers de travaux publics, le commandant de l'établissement remplit les fonctions incombant au chef de corps et au major; l'officier d'administration comptable est chargé de la gestion du matériel; le lieutenant adjoint s'occupe, d'après les ordres du commandant, des détails d'exécution du service. Les revues périodiques du matériel sont passées par le conseil d'administration.

d) Les établissements dont l'effectif n'est pas assez élevé pour nécessiter la passation de marchés distincts pour l'entretien du matériel sont rattachés à un corps de troupe, comme cela a lieu pour les faibles unités et les détachements.

Mobilier des cellules de correction et de détention.

Art. 156. L'ameublement des cellules de correction se compose uniformément :

1° D'un lit de camp fixé à demeure;
2° D'un baquet de propreté fermant hermétiquement;
3° D'une cruche à eau, avec couvercle;
4° D'une couverture pendant l'hiver.

Dans les cellules de détention, le lit de camp est remplacé par un châlit avec sa fourniture, et une planche est fixée au mur pour recevoir les effets des occupants.

CHAPITRE VI.

CHAUFFAGE ET ÉCLAIRAGE.

§ 1. — *Chauffage.*

Nature des prestations de chauffage.

Art. 157. Les prestations se composent :

1° De rations collectives ou individuelles pour la préparation des aliments;

2° De rations fixes pour le chauffage des divers locaux (bureaux, greffes, chauffoirs communs et infirmerie).

Détermination des allocations.

Art. 158. Le sous-intendant militaire chargé de la vérification des comptes de l'établissement établit, de concert avec le chef du génie et le commandant de l'établissement, les procès-verbaux fixant les allocations, en se conformant aux règles et tarifs applicables aux corps de troupe. Les chauffoirs communs sont considérés comme chambres. Pour éviter des dangers d'incendie, les dortoirs ne sont jamais chauffés.

Les procès-verbaux sont soumis à l'approbation du Ministre.

Matériel de chauffage.

Art. 159. Les appareils destinés au chauffage des locaux sont fournis et entretenus par le service du génie, de même que les appareils pour la cuisson des aliments.

Fourniture des combustibles.

Art. 160. En principe, les établissements pénitentaires sont compris dans les marchés régionaux ou de garnison passés pour la fourniture des combustibles. Il n'est procédé qu'exceptionnellement et par voie d'adjudication restreinte à des marchés particuliers. La fourniture des combustibles aux détachements peut être comprise dans les marchés d'ordinaire.

Les établissements pénitentiaires participent, comme les corps de troupe, aux distributions de combustible qui peuvent être faites par les services de l'administration pour le renouvellement des approvisionnements.

Imputation des dépenses de chauffage. — Remboursement.

Art. 161. Les dépenses de chauffage sont acquittées sur les fonds généraux de la caisse de l'établissement, qui se fait rembourser annuellement, sur la production d'un relevé appuyé des factures d'achat, d'un extrait des procès-verbaux fixant les allocations, ainsi que des extraits des feuilles de journées lorsqu'il a été alloué des rations individuelles.

Après vérification par le sous-intendant militaire, l'ordonnancement a lieu sur les crédits affectés aux établissements pénitentiaires, sous la rubrique « Chauffage et éclairage ».

Les quantités consommées dans l'année doivent rester comprises dans les limites des allocations. Tout dépassement reste à la charge du conseil d'administration ou de l'agent principal. Un état (modèle n° 29) faisant ressortir les droits des établissements d'après les prix généraux de la place applicables à l'établissement, ainsi que les dépenses réellement effectuées, est, après vérification du sous-intendant militaire sur le vu des originaux des procès-verbaux et des factures d'achat, joint au rapport de liquidation du quatrième trimestre.

§ 2. — *Eclairage.*

Eclairage intérieur et extérieur des établissements.

Art. 162. L'éclairage, tant intérieur qu'extérieur, des établissements pénitentiaires incombe auxdits établissements, qui assurent la fourniture des appareils à huile minérale et végétale, la fourniture du combustible, ainsi que des mèches et veilleuses.

Tous les appareils fixes pour l'éclairage au gaz sont fournis et entretenus par le service du génie, mais le remplacement des cheminées en verre, manchons et autres accessoires est à la charge des établissements.

Les ateliers installés dans les établissements pénitentiaires sont, en principe, éclairés aux frais des entrepreneurs du travail.

Procès-verbaux d'éclairage.

Art. 163. Pour constater les droits à l'éclairage intérieur et extérieur des bâtiments, bureaux, greffes, guicheteries, geôles, infirmeries, cuisines, chambres de garde de nuit, cours, escaliers, corridors, etc., etc., des établissements de la justice militaire, il est établi, dans les conditions indiquées à l'article 158, un procès-verbal. Ce document doit mentionner les besoins à assurer, la nature des appareils et du combustible à employer, le nombre et le calibre des becs, leur emplacement, en spécifiant ceux qui doivent être allumés toute l'année et ceux dont il est possible de suspendre l'éclairage pendant les courtes nuits et dans tous les cas pendant les nuits éclairées par la lune.

Allumage et extinction des appareils.

Art. 164. L'allumage, l'extinction des becs, lampes et veilleuses et le nettoyage des appareils installés dans l'ensemble des locaux affectés aux détenus, sont assurés par un condamné. Ces opérations sont, en ce qui concerne l'éclairage extérieur, assurées gratuitement par le portier.

Eclairage au gaz et à l'électricité.

Art. 165. La fourniture du gaz ou de l'énergie électrique fait l'objet de traités spéciaux passés avec les compagnies locales par le service de l'intendance.

Remboursement des dépenses d'éclairage.

Art. 166. Les dispositions de l'article 161 ci-dessus sont applicables aux dépenses d'éclairage.

CHAPITRE VII.

BLANCHISSAGE.

Exécution du blanchissage.

Art. 167. Le blanchissage du linge des détenus est, en principe, assuré par des marchés annuels passés par le conseil d'administration ou l'agent principal. Le contrat doit prévoir le paiement d'un prix particulier pour le blanchissage de chaque effet et le paiement mensuel des sommes dues à l'entrepreneur.

Dans certains cas spéciaux, le Ministre peut autoriser les établissements pénitentiaires à assurer ce service par leurs propres moyens.

Dans ce cas, les détenus qui travaillent à la buanderie reçoivent la gratification journalière de 0 fr. 15 prévue pour les hommes employés aux travaux du service intérieur.

CHAPITRE VIII.

ARMEMENT.

Fourniture des armes et munitions.

Art. 168. Les armes portatives et les munitions nécessaires aux sous-officiers de surveillance et de comptabilité sont fournies par le service de l'artillerie, dans les conditions de l'instruction du 30 août 1884 sur le service de l'armement.

L'officier comptable ou agent principal prend charge des armes portatives et des munitions; il tient, à cet effet, les écritures réglementaires.

Le conseil d'administration de l'établissement pénitentiaire ou l'agent principal se conforme, pour la délivrance, la conservation et la réintégration des armes et munitions, aux prescriptions de l'instruction précitée sur le service de l'armement.

Entretien des armes.

Art. 169. L'entretien des épées et revolvers est assuré, conformément aux dispositions dudit règlement, par le chef armurier de l'un des corps de la garnison, désigné à cet effet par le gouverneur militaire ou le général commandant le corps d'armée et, à défaut, par un armurier civil.

Le conseil d'administration ou l'agent principal acquitte le montant des dépenses d'entretien au moyen des fonds généraux de la caisse de l'établissement.

Ils retiennent sur la solde des intéressés les sommes dues pour les réparations dont la responsabilité leur incombe et se font rembourser annuellement par le service de l'artillerie, au moyen d'un relevé n° 1, les dépenses d'entretien qui sont à la charge de l'Etat.

Situation de l'armement.

Art. 170. Dans les quinze premiers jours du mois de janvier de chaque année, le conseil d'administration ou l'agent principal adresse au Ministre, par la voie hiérarchique, un état de situation de l'armement au 31 décembre de l'année précédente modèle n° 111 de l'instruction du 30 août 1884 sur le service de l'armement.

CHAPITRE IX.

EMPLOI DE LA MAIN-D'ŒUVRE PÉNITENTIAIRE DANS L'INTÉRIEUR DES ÉTABLISSEMENTS (1).

Installation et fonctionnement des ateliers de travail.

Art. 171. Les conditions relatives à l'installation et au fonctionnement des ateliers de travail dans les établissements péni-

---

(1) Paris, le 6 juillet 1901.

Une gratification de 0 fr. 15 par journée de travail est allouée aux détenus employés par le service du génie à l'intérieur des établissements pénitentiaires.

Une gratification de 0 fr. 25 par journée de travail est allouée aux détenus occupés par le service du génie sur les chantiers extérieurs.

Le paiement de ces gratifications est exclusif de tout versement au Trésor motivé par l'emploi des détenus (*a*).

La note ministérielle du 11 juillet 1886 est abrogée.

(*a*) Par application de l'article 21 de la loi de finances du 30 mars 1912, il y a lieu de verser ces sommes au Trésor.

tentiaires sont réglées par les cahiers des charges, les marchés d'entreprise et les dispositions du présent règlement.

Sont exclues des prisons militaires les industries réputées insalubres et celles dont l'exercice présenterait soit des dangers notoires pour la santé des détenus, soit des inconvénients pour la conservation des bâtiments, pour le bon ordre et la propreté à maintenir dans ces établissements.

Le cahier des charges et le marché-type font l'objet des modèles ci-annexés.

Passation des marchés.

Art. 172. Les dispositions relatives à la préparation et à la passation des marchés de l'Etat sont applicables aux marchés d'entreprise de la main-d'œuvre des détenus à l'intérieur des établissements pénitentiaires militaires.

En principe, il est procédé à la passation des marchés par voie d'adjudications restreintes, dans les conditions prévues pour la passation des marchés de la guerre (instruction du 15 juin 1903).

A cet effet, six mois au moins avant l'expiration d'un marché en cours, le directeur de l'intendance fait parvenir au Ministre ses propositions accompagnées d'un projet d'avis au public et d'un projet de cahier des charges spéciales, relatant les conditions particulières se rattachant aux circonstances locales ou que l'on croit utile d'envisager par dérogation aux conditions du cahier des charges générales (1). Le modèle de soumission est donné dans ce projet ainsi que le montant du cautionnement à exiger.

Il est procédé de gré à gré, avec ou sans appel à la concurrence, soit en cas d'insuccès de l'adjudication, soit lorsqu'il s'agit de l'exécution de travaux d'une durée inférieure à une année, soit lorsque l'effectif envisagé est inférieur à dix détenus.

Dans ces cas, les projets sont adressés par la voie hiérarchique, avec un rapport détaillé mentionnant les circonstances qui paraissent motiver une dérogation au principe de l'adjudication.

Enfin, des conventions *verbales* peuvent être conclues lorsque, en cas d'impossibilité de traiter par adjudication publique ou de gré à gré, il est fait des offres pour l'exécution des travaux présentant un aléa trop considérable en raison de l'inexpérience des détenus dans ce genre de travaux.

---

(1) Actuellement cahier des charges du 29 janvier 1901, modifié les 29 avril 1902 et 24 juin 1905.

La passation de ces conventions est autorisée par le Ministre, à qui est adressée la correspondance échangée à cet effet entre l'établissement et la personne qui offre de traiter.

Approbation des marchés.

Art. 173. Les marchés ne peuvent être approuvés définitivement que par le Ministre ou en vertu d'une délégation spéciale donnée par lui.

Exceptionnellement, en Afrique, les généraux commandant les divisions territoriales et le général commandant la division de Tunisie sont autorisés à approuver définitivement, au nom du Ministre, les marchés d'une durée de six mois et au-dessous.

Dispositions relatives aux ateliers intérieurs. — Contrôle de la présence des détenus.

Art. 174. Un placard affiché à la porte de chaque atelier indique l'industrie exécutée, le nom des entrepreneurs et des contremaîtres civils ainsi que ceux des détenus employés avec mention de leurs fonctions (chef et sous-chef d'atelier, ouvriers et apprentis).

Des cruches remplies d'eau potable sont placées dans les ateliers pour le besoin des hommes.

A chaque séance, lorsque les détenus sont installés à leur travail, le surveillant de l'atelier procède à l'appel dans le but de faire constater leur présence par les entrepreneurs. Les détenus ne peuvent quitter leur travail sans autorisation.

L'entrée d'un atelier est interdite aux détenus qui n'en font pas partie.

Lorsque les détenus quittent l'atelier en masse ou individuellement, ils placent sur leurs établis et métiers, et d'une façon ostensible, les outils et matières premières, et, s'il y a lieu, leurs tabliers; les surveillants s'assurent que les hommes n'emportent aucun ohjet de l'atelier.

Visite des ateliers après la sortie des détenus.

Art. 175. Chaque soir, après la sortie des détenus, les ateliers sont visités afin de constater l'existence du matériel, les dégradations qui pourraient avoir été commises et de s'assurer de l'extinction des feux.

Choix des chefs d'atelier parmi les détenus.

Art. 176. Dans chaque atelier, l'entrepreneur peut proposer à l'officier adjoint, directeur des ateliers, ou à l'agent principal, un détenu parmi ceux qui se font remarquer par leur aptitude et une constante assiduité au travail, pour remplir les fonctions de chef d'atelier.

Si l'atelier est important, un ou plusieurs détenus remplissant les conditions peuvent être demandés de la même manière pour exercer les fonctions de sous-chef d'atelier ou tenir les écritures de l'entrepreneur.

En outre de leur travail personnel, ils sont chargés de former les apprentis et de parfaire l'ouvrage de ces derniers. Ils donnent aux autres détenus les conseils et explications nécessaires pour les guider dans le travail et les aider à augmenter leur habileté professionnelle.

Obligations des entrepreneurs. — Rapports qu'ils peuvent avoir avec le personnel de l'établissement et avec les détenus.

Art. 177. Les entrepreneurs, leurs représentants et agents sont soumis aux dispositions d'ordre et de police du présent règlement.

Ils doivent s'abstenir de tous rapports d'intérêts ou autres avec le personnel en dehors du service.

Il leur est expressément défendu d'introduire dans l'établissement aucun objet autre que ceux nécessaires à l'exercice de leur industrie, d'entretenir d'autres relations avec les condamnés que celles ayant trait au travail, de pénétrer dans les endroits autres que les bureaux de l'administration et les locaux affectés à l'exercice de leur industrie, de s'immiscer en rien dans l'organisation du service.

Infractions commises par l'entrepreneur ou ses agents.

Art. 178. Le commandant de l'établissement a le droit d'exiger le changement ou le renvoi de tout agent de l'entrepreneur qui, malgré plusieurs avertissements signifiés par écrit à l'entrepreneur, ne se conformerait pas aux dispositions de l'article précédent. Tout agent qui adresserait des injures au personnel ou troublerait l'ordre intérieur peut être expulsé sur-le-champ par le commandant de l'établissement.

Dans ce cas, tant que l'entrepreneur n'a pas remplacé ses

agents, l'atelier auquel ils étaient attachés est fermé et l'entrepreneur paie l'indemnité de chômage.

Lorsque les contraventions émanent de l'entrepreneur lui-même, ou lorsqu'il refuse de renvoyer un de ses agents dans les cas prévus à l'alinéa qui précède, le commandant de l'établissement fait fermer les chantiers ou ateliers de l'entreprise jusqu'à ce que le Ministre, auquel un rapport est adressé, ait statué.

L'entrepreneur paie l'indemnité de chômage, sans préjudice des droits de l'administration à l'obtention de dommages-intérêts.

Constatation du travail produit dans les ateliers à l'intérieur.

Art. 179. Le sergent-major surveillant établit contradictoirement avec l'entrepreneur l'inventaire des outils et objets affectés aux ateliers; il constate contradictoireent avec le représentant de l'entrepreneur la remise aux détenus des matières premières nécessaires aux confections. Le surveillant de chaque atelier et l'entrepreneur, ou son représentant, tiennent en contre-partie un carnet de travail (modèle n° 30), coté et paraphé par le chef de l'établissement et renouvelé tous les mois, sur lequel ils inscrivent, à la fin de chaque journée, sous le nom de chaque homme, le nombre d'articles confectionnés, ainsi que le prix d'unité prévu au tarif et le produit net, la somme à ajouter à ce produit pour parfaire au besoin le prix minimum de la journée de travail et les journées de chômage.

Les ouvriers et les apprentis travaillant à la journée sont l'objet d'une inscription libellée : « Travail à la journée — Prix ».

A la fin de chaque journée, les inscriptions, que le surveillant d'une part et l'entrepreneur ou son représentant, de l'autre, ont portées à leur carnet respectif, sont comparées et arrêtées contradictoirement entre eux; ils les signent réciproquement l'un sur le carnet de l'autre.

A l'expiration de chaque quinzaine, le surveillant de chaque atelier établit, d'après son carnet, un relevé général faisant ressortir par articles du marché les produits du travail de la quinzaine écoulée, le total des compléments du rendement effectif journalier parfaisant le prix minimum, ainsi que les journées de non-occupation qui ont eu lieu pendant la quinzaine.

Le lieutenant adjoint ou l'agent principal vérifie fréquemment les carnets de travail des surveillants et les contrôle avec ceux de l'entrepreneur.

Les carnets de travail peuvent subir les modifications que nécessiteraient certains marchés spéciaux, de manière à présenter, dans tous les cas, le tableau complet des éléments nécessaires pour le décompte.

Réclamations relatives aux relevés du travail.

Art. 180. L'entrepreneur doit porter, dans les vingt-quatre heures, devant le président du conseil d'administration de l'établissement, ou l'agent principal, les réclamations auxquelles peuvent donner lieu les constatations relatives à la quantité et à la qualité du travail exécuté ainsi qu'à l'application des tarifs et des clauses du marché.

Le conseil d'administration statue, après examen des objets confectionnés, et rend compte au sous-intendant militaire chargé de la surveillance administrative.

L'agent principal doit transmettre, sans retard, avec son avis motivé, les réclamations de l'entrepreneur contre sa décision, au sous-intendant militaire par l'intermédiaire de l'officier chargé du commandement de l'établissement; le sous-intendant militaire statue.

Tout agent principal qui ne transmet pas immédiatement les réclamations à l'officier chargé du commandement est passible d'une punition disciplinaire.

Lorsque l'entrepreneur conteste la décision du conseil d'administration ou du sous-intendant militaire, le dossier est envoyé au Ministre.

Les résultats de chaque journée de travail, inscrits aux carnets des surveillants, sont considérés comme définitifs lorsqu'ils n'ont pas donné lieu à réclamation dans le délai ci-dessus stipulé.

Feuille de travail.

Art. 181. Lorsqu'il y a plusieurs ateliers, les quantités de travail fournies par l'ensemble des détenus pendant la quinzaine que font ressortir les relevés produits et certifiés par les surveillants, sont récapitulées les 1er et 16 de chaque mois, au matin, pour la quinzaine expirée, dans un état dit « feuille de travail » du modèle n° 31.

La feuille de travail récapitule distinctement, par salaire, le nombre de journées de chaque catégorie d'ouvriers ou d'apprentis travaillant à la journée; elle porte également le total des indemnités de chômage.

Quand le marché comporte le travail aux pièces, le décompte est établi par nature d'articles confectionnés; les prix d'unité sont inscrits en regard de chaque article; le total des sommes parfaisant le rendement effectif au prix minimum de journée y est également porté.

Cette feuille, établie en triple expédition, est certifiée conforme aux inscriptions des carnets des surveillants, arrêtée et signée par le conseil d'administration ou l'agent principal et l'entrepreneur ou son représentant.

Feuille de quinzaine des salaires.

Art. 182. Il est établi aux mêmes dates, en double expédition, une feuille de quinzaine spéciale (modèle 32) pour les salaires dont il est question à l'article 191 ci-après.

Décompte du travail fourni par les prévenus accusés ou disciplinaires.

Art. 183. Il est établi une feuille de travail spéciale distincte en double expédition du travail de quinzaine fourni par des inculpés ou détenus disciplinaires (modèle n° 33).

Sont compris sur cette feuille les condamnés qui, après leur libération, sont maintenus en prison par mesure disciplinaire, par exemple en attendant leur envoi aux bataillons d'Afrique.

Paiement du travail.

Art. 184. L'entrepreneur verse au Trésor le produit intégral du travail des condamnés dans les cinq jours qui suivent la réception de l'ordre de reversement qui lui est délivré par le sous-intendant militaire.

Il remet également, dans le même délai, à l'officier comptable ou à l'agent principal le prix du travail fourni par les inculpés ou détenus disciplinaires.

A cet effet, le commandant ou l'agent principal fait parvenir au sous-intendant militaire les trois expéditions de la feuille de quinzaine du travail des condamnés, dès que celle-ci aura été arrêtée.

Une des expéditions est annexée par le sous-intendant militaire à l'ordre de reversement et est destinée à l'agent des finances chargé d'opérer la recette.

Une expédition du marché est jointe à la feuille de quinzaine relative à la première quinzaine de l'entreprise.

Lorsque l'entrepreneur a versé au Trésor, il adresse le récépissé de versement au sous-intendant militaire, qui renvoie à l'établissement la seconde expédition de la feuille de quinzaine revêtue de la mention du versement.

Une expédition de la feuille de travail de quinzaine des détenus, inculpés ou disciplinaires, est adressée au sous-intendant militaire avec mention de la recette effectuée, certifiée par le conseil d'administration ou l'agent principal.

Les versements au Trésor sont mensuels ou bi-mensuels, suivant l'importance du cautionnement déposé par l'entrepreneur.

Salaires des détenus.

Art. 185. Il est constitué, par atelier ou chantier, un fonds commun à répartir entre les détenus travailleurs à titre de salaires.

Les recettes de ce fonds commun sont déterminées comme il suit :

1° Ateliers ou chantiers organisés pour le compte des entrepreneurs de main-d'œuvre :

Vingt-cinq ou trente centièmes du produit brut du travail, suivant que les travaux s'exécutent à l'intérieur ou à l'extérieur des établissements pénitentiaires;

2° Ateliers organisés à l'intérieur des établissements pour le compte du service de l'habillement :

Vingt centièmes du produit brut du travail;

3° Travaux exécutés pour le compte du service du génie :

Allocation journalière de quinze ou vingt-cinq centimes par détenu, suivant que les travaux s'exécutent à l'intérieur ou à l'extérieur des établissements;

4° Dans tous les ateliers ou chantiers organisés, soit pour le compte des entrepreneurs de main-d'œuvre, soit pour le compte des divers services du Département de la guerre :

Allocations journalières spéciales de trente centimes par détenu chef d'atelier, et vingt-cinq centimes par détenu employé aux écritures.

La répartition des salaires entre tous les détenus ayant coopéré au travail est effectuée en fin de journée : 1° par l'agent principal ou le chef de détachement, de concert avec l'entrepreneur, en ce qui concerne les entreprises de main-d'œuvre; 2° par le lieutenant adjoint, en ce qui concerne les ateliers de confections militaires ou les travaux effectués pour le service du génie à l'intérieur des établissements: 3° par le chef de détachement, en ce qui concerne les chantiers organisés par le service du génie à l'extérieur.

La répartition est opérée en tenant compte de la quantité et de la qualité du travail réellement fourni, du zèle et de la bonne volonté montrés par chaque détenu pendant la journée.

Le montant des salaires est mandaté, immédiatement à la fin de chaque quinzaine, par les soins du sous-intendant militaire, sur les crédits affectés à l'entretien des établissements pénitentiaires.

Une expédition des feuilles de salaires (modèle n° 32) est mise à l'appui du mandat; une autre expédition est jointe à l'appui du rapport de liquidation.

Mesures à prendre en cas de non-paiement du produit du travail.

Art. 186. La feuille de travail de quinzaine forme le titre de créance de l'établissement envers l'entrepreneur, et si ce dernier n'en a pas versé le montant dans les délais et conditions déterminés par le présent règlement, le sous-intendant militaire met l'entrepreneur en demeure de se libérer dans un délai déterminé. A l'expiration de ce délai, si la mise en demeure est restée sans effet, le conseil d'administration ou l'agent principal formulent leurs propositions dans un rapport au Ministre, qui est transmis avec les observations du sous-intendant militaire. (Direction du Contentieux; Bureau de la Justice militaire.)

Le Ministre ordonne, s'il le juge à propos, la fermeture des ateliers, la résiliation du marché et engage contre l'entrepreneur toutes les poursuites que de droit. Aucune sortie de matières, objets fabriqués, matériel et outils appartenant à l'entrepreneur et existant dans les ateliers ne peut dès lors avoir lieu sans l'autorisation du Ministre.

Salaires acquis aux détenus employés au service intérieur.

Art. 187. Les salaires des détenus employés au service intérieur, pour les journées pendant lesquelles ils ont été occupés, figure sur un état de quinzaine (modèle n° 35) établi et certifié par le conseil d'administration ou l'agent principal. La somme revenant à chaque intéressé est versée à son fonds particulier aux mêmes époques que les salaires acquis aux détenus ouvriers.

Les condamnés tailleurs et les cordonniers employés aux réparations des effets des détenus reçoivent une prime calculée sur le taux moyen des salaires payés aux ouvriers qui montrent une habileté et un zèle équivalents, sans que ce salaire puisse être inférieur à 0 fr. 15. A défaut d'entreprise, ils perçoivent le même salaire que les condamnés employés aux travaux du service intérieur.

Dans tous les établissements pénitentiaires, les salaires attribués aux condamnés tailleurs et cordonniers, pour les journées de travail employées aux confections et réparations, sont à la charge de la masse d'habillement.

Liquidation du produit du travail.

Art. 188. Dans le courant du mois qui suit le trimestre expiré, une des expéditions des feuilles de travail de quinzaine est adressée au Ministre avec les récépissés de versement au Trésor. Cet envoi est accompagné d'un état (modèle ci-annexé), en double expédition, faisant ressortir, pour le trimestre, les droits constatés du Trésor ainsi que les versements effectués, et mentionnant les propositions du directeur de l'intendance en vue de la liquidation.

Après vérification et rectification, s'il y a lieu, les états par corps d'armée sont récapitulés à l'administration centrale dans un état général portant liquidation définitive, qui est soumis à l'approbation du Ministre.

L'une des expéditions des états particuliers est ensuite renvoyée au directeur de l'intendance avec l'indication de la décision ministérielle à notifier aux entrepreneurs, chacun en ce qui le concerne. Les moins-payés sont versés au Trésor, et les récépissés adressés à l'administration centrale, pour être rattachés à la liquidation du trimestre. Les trop-payés viennent en déduction des versements du trimestre suivant ou sont remboursés lorsqu'ils ressortent à la liquidation du dernier trimestre de l'année ou du marché.

Travaux exécutés pour le personnel par les détenus tailleurs et cordonniers.

Art. 189. Lorsque des ouvriers tailleurs et cordonniers n'ont pas de réparations à faire pour le service de l'établissement, ils peuvent, avec l'autorisation du commandant de l'établissement, travailler pour le personnel.

A cet effet, un tarif de confections et de réparations est établi par le conseil d'administration ou l'agent principal; un exemple de ce tarif est envoyé au sous-intendant militaire pour examen et approbation. Ce tarif est combiné de manière que le rendement de la journée de travail soit de un franc vingt-cinq centimes au munimum. Les détenus qui ont effectué les confections ou réparations reçoivent des salaires calculés comme il est dit à l'article 185, et payés au moyen des crédits budgétaires.

Le prix de la main-d'œuvre est porté sur une feuille de travail spéciale, établie mensuellement en triple expédition; les salaires sont récapitulés de même sur une feuille spéciale établie mensuellement en double expédition.

Ces documents, dûment vérifiés et certifiés par le conseil d'administration et l'agent principal, sont adressés au sous-intendant militaire.

Ce fonctionnaire émet alors un ordre de reversement au nom du conseil d'administration ou de l'agent principal pour la totalité des sommes portées sur la feuille de travail et mandate le montant des salaires.

Le conseil d'administration ou l'agent principal verse au Trésor la somme portée sur ledit ordre, au moyen des fonds généraux de la caisse de l'établissement.

Les débets sont immédiatement inscrits au nom des intéressés sur le registre des fonds divers.

Les officiers ou sous-officiers versent entre les mains de l'officier d'administration comptable ou de l'agent principal le montant des travaux effectués pour leur compte dès que les effets leur sont remis, et, au plus tard, lors du premier paiement de la solde.

Les sommes versées pour les travaux exécutés pour le personnel sont inscrites immédiatement au registre des fonds divers, de manière à permettre la constatation de l'extinction du débet.

En aucun cas, les détenus tailleurs ou cordonniers ne peuvent travailler pour des personnes qui ne seraient pas attachées à l'établissement.

Destination donnée aux feuilles mensuelles de travaux au compte du personnel.

Art. 190. Une des expéditions des feuilles spéciales des confections et réparations au compte du personnel est mise à l'appui de l'ordre de reversement. Une expédition revêtue de la mention du versement est retournée au conseil d'administration ou à l'agent principal. La troisième expédition, revêtue de la mention du versement au Trésor, est renvoyée ultérieurement à l'administration centrale avec le récépissé, dans les conditions prescrites à l'article 188 du présent règlement.

CHAPITRE X.

EMPLOI DE LA MAIN-D'ŒUVRE PÉNITENTIAIRE SUR LES CHANTIERS EXTÉRIEURS.

Dispositions générales.

Art. 191. La main-d'œuvre pénitentiaire militaire peut être mise à la disposition des divers services du ministère de la guerre ou des autres ministères et des communes de France, d'Algérie ou de Tunisie, ou des entrepreneurs qui la demanderaient pour des travaux extérieurs.

Le Ministre pour la France, le général commandant la division territoriale pour l'Algérie et la Tunisie, fixent, dans chaque cas particulier, les conditions dans lesquelles seront employés les détenus et stipulent pour eux le taux des salaires en rapport avec la nature du travail.

En principe, on applique sur les chantiers extérieurs des dispositions analogues à celles que le présent règlement édicte pour l'intérieur des établissements pour tout ce qui concerne la constatation du travail, le mode de paiement et la liquidation. On se conforme, en outre, aux règles particulières ci-après.

Une notice annexée au présent règlement donne les indications utiles pour l'établissement du camp des détenus.

Visite des chantiers extérieurs par les officiers de l'établissement.

Art. 192. Le commandant de l'établissement doit visiter ou, en cas d'empêchement, faire visiter par l'officier adjoint, une fois par trimestre, tous les détachements rattachés à son établissement et qui ne rentrent pas à la portion centrale.

De leur côté, les généraux commandant les subdivisions et les généraux de division commandant le territoire doivent voir en personne, au moins une fois par an, les détachements des établissements pénitentiaires placés sous leur surveillance. Toutes ces visites doivent être inopinées. A la suite de chaque visite, il est transmis, par la voie hiérarchique, à l'autorité supérieure, un compte rendu indiquant l'état physique et moral constaté, les réclamations produites et les suites données.

Attributions et devoirs du chef de détachement et des sous-officiers surveillants.

Art. 193. Le chef de détachement a autorité sur les gradés ainsi que sur la garde auxiliaire en tout ce qui concerne la garde des détenus.

Il veille à la stricte exécution du marché passé avec l'entrepreneur; copie de ce marché doit toujours être en ses mains; en cas de contestation, il rend compte d'urgence au commandant de l'établissement.

Il s'assure que l'indemnité due par l'entrepreneur à la garde auxiliaire est payée à la date fixée par la convention.

Il veille à ce que les travaux commencent et cessent aux heures indiquées et à ce que toutes les mesures de précaution soient prises pour éviter les accidents. S'il s'aperçoit qu'un accident peut se produire, il en fait l'observation à l'entrepreneur, et si ce dernier persiste dans sa manière de diriger le travail, il doit dégager sa responsabilité et en rendre compte immédiatement au commandant de l'établissement.

Les sous-officiers de surveillance doivent toujours accompagner les détenus au chantier; leur présence pendant toute la séance du travail est de rigueur tant pour le maintien du bon ordre que pour éviter les évasions. Seuls les adjudants de surveillance, chefs de détachement, ne sont pas tenus d'assister au travail; ils doivent, toutefois, faire acte de présence à chaque séance, veiller à la répartition des détenus et s'assurer du placement judicieux des hommes chargés de la surveillance.

La tenue réglementaire et correcte des sous-officiers est exigée en toute circonstance.

Il leur est formellement interdit de prendre leur repas avec l'entrepreneur ou son représentant et d'en recevoir des allocations non stipulées au marché.

Lorsqu'un sous-officier est seul au camp, il ne peut, sous aucun motif, s'absenter même momentanément.

Quand il y a plusieurs sous-officiers, il ne peuvent le faire qu'accidentellement pour le service ou pour un motif très grave. Dans ce cas, l'autorisation est accordée par le chef de détachement et sous son entière responsabilité.

Lorsqu'il y a plusieurs sous-officiers dans un camp, il est établi un service de semaine sous la direction du chef de détachement.

Ils ne doivent pas être détenteurs d'armes de chasse, le temps consacré à cet exercice étant nuisible à la bonne exécution du service.

Il leur est formellement interdit, ainsi qu'au chef de détachement, de faire préparer leur repas par un détenu. Le cuisinier de la garde auxiliaire peut être chargé de la préparation de leurs aliments, moyennant une rétribution mensuelle de 3 francs.

Punitions.

Art. 194. Les punitions sont les mêmes que dans l'intérieur de l'établissement.

Le commandant du détachement a les droits dévolus par l'article 85 au lieutenant adjoint, en ce qui concerne les punitions à infliger.

En principe, les punitions se font sur place, dans un local spécial. Toutefois, le chef de détachement renvoie à la portion centrale les hommes punis dans les cas suivants :

1° Si leur transfèrement n'entraîne aucune dépense;

2° S'il s'agit de meneurs ou d'hommes incorrigibles;

3° S'il y a un trop grand nombre de punitions à exécuter simultanément.

Il appartient d'ailleurs au commandant de l'établissement d'envoyer les plus mauvais sujets dans des détachements aussi rapprochés que possible de la portion centrale, de façon à pouvoir leur faire subir les punitions de cellule à l'établissement, si besoin est.

Le chef de détachement peut ordonner la mise en cellule avec fers, dans les cas prévus à l'article 84, à charge d'en rendre compte immédiatement par la voie hiérarchique.

Garde auxiliaire. — Plantons armés. — Sentinelles. — Consignes.

Art. 195. *Garde auxiliaire.* — Le *cahier des charges* spécial aux marchés détermine la *composition* et l'*effectif de la garde auxiliaire;* il fixe également l'*indemnité journalière* à payer par l'entrepreneur pour la surveillance et la garde des détenus.

Le commandant de la garde auxiliaire est seul responsable de la discipline intérieure et de l'administration de sa troupe, mais il relève du chef de détachement en tout ce qui concerne la police générale et la discipline du camp. Lorsque le commandant de la garde auxiliaire est un indigène, le chef de détachement administre les hommes.

Le commandant de la garde auxiliaire ne doit jamais laisser les hommes s'éloigner du corps de garde; il leur rappelle tous les jours leur consigne et leur fait comprendre l'importance de leur mission et les empêche de communiquer et de trafiquer avec les détenus.

La garde auxiliaire prend les armes au réveil, au signal donné pour la rentrée sous la tente pendant la nuit, ainsi qu'à tous les événements opérés en masse par les détenus. De jour comme de nuit, le commandant veille à ce qu'un certain nombre d'hommes soient toujours prêts à prendre les armes au premier signal.

Afin de s'assurer de la vigilance des sentinelles, le chef de poste fait personnellement et fait faire de fréquentes rondes pendant la nuit.

Le chef de détachement fixe les heures et le nombre de ces rondes qui doivent, tous les jours, être faites à des heures variables et autres que celles fixées pour le personnel de surveillance.

Les hommes de la garde auxiliaire font ordinaire à part.

Plantons armés. Sentinelles. Consignes. — Sur les chantiers, des plantons armés sont placés de façon à bien voir tous les détenus, c'est-à-dire à 15 ou 20 mètres au moins des travailleurs; cette disposition leur permet d'embrasser d'un coup d'œil l'ensemble du chantier et d'éviter toute attaque à l'improviste.

Au camp, les sentinelles doivent être placées de façon à bien voir l'ensemble de tout le camp. Dans le jour, elles doivent se tenir à proximité de la tente des punis, de celle des malades et de la cuisine. Pendant la nuit, elles sont placées entre les deux fossés du camp.

Les sentinelles doivent toujours avoir le fusil chargé. A cet effet, les gardes auxiliaires sont munis par le corps qui les fournit de deux cartouches par homme; elles sont retirées aux gardes à leur retour au corps.

De jour, toutes les fois qu'un détenu tente de s'évader, la sentinelle crie successivement :

Halte-là ! A la garde !
Halte-là ou je fais feu !
Halte-là ou je fais feu !

Si, après la troisième injonction, le détenu continue à s'éloigner en courant, la sentinelle fait feu.

Les hommes chargés de la poursuite sont autorisés à tirer sur le fugitif, tant que celui-ci n'est pas arrêté ou ne s'arrête pas, soit de lui-même, soit par suite d'accident ou d'épuisement.

Dans aucun cas, ni les sentinelles, ni les hommes de garde ne doivent tirer sur un fugitif qui s'est arrêté, pour quelque cause que ce soit.

De nuit, la sentinelle crie une seule fois : « A la garde, halte-là ou je fais feu ! ». Si, malgré cet avertissement, l'évadé ne s'arrête pas, la sentinelle fait feu.

Les sentinelles ne doivent jamais, soit de jour, soit de nuit, faire feu dans la direction des tentes.

Correspondance des détenus.

Art. 196. On applique les règles tracées par l'article 114 ci-dessus.

Les lettres des condamnés, établies comme il est dit à l'article susvisé, sont remises sous une seconde enveloppe cachetée au chef du détachement, qui les envoie par le plus prochain courrier au commandant de l'établissement. Il lui est formellement interdit d'intercepter n'importe quelle lettre. Le commandant de l'établissement procède alors comme il est dit à l'article susvisé.

Détenus malades. — Visite médicale.

Art. 197. Avant le départ du détachement il est procédé, avec le plus grand soin, à la visite des détenus désignés pour faire partie du détachement, de façon à éliminer ceux dont l'état de santé paraît suspect.

Le service médical du détachement est assuré :

1° Par un des médecins militaires de la garnison la plus voisine désigné par le directeur du service de santé. Ce médecin visite le détachement une fois par semaine et toutes les fois qu'il est appelé d'urgence par le chef du détachement;

2° Par un médecin auxiliaire (ou par un étudiant en médecine faisant fonctions de médecin auxiliaire) affecté en permanence au détachement et fourni par un des corps de troupe de la division.

Les détenus malades sont réunis dans la tente spécialement destinée à cette catégorie d'indisponibles, quand il en existe une; dans le cas contraire, ils restent dans la tente qui leur est normalement affectée et qu'il leur est défendu de quitter.

Tous les jours, le chef de détachement fait visiter les détenus malades par le médecin auxiliaire, qui leur donne les soins que nécessite leur état. A cet effet, il est pourvu d'une boîte de médicaments qui renferme également quelques objets de pansement. Lorsque ces médicaments ou objets de pansement sont près d'être épuisés, le chef de détachement adresse à l'hôpital militaire le plus voisin un bon visé par le médecin chargé du service du camp; cette demande doit recevoir satisfaction dans le plus bref délai possible.

Lorsque, dans l'intervalle des visites médicales périodiques, un détenu lui paraît gravement malade, le médecin auxiliaire rend compte au chef du détachement qu'il y a lieu d'appeler d'urgence le médecin chargé du service médical. Ce dernier décide s'il convient de diriger d'urgence sur l'établissement pénitentiaire ou d'évacuer sur l'hôpital militaire le plus proche les détenus malades.

Tout cas de maladie grave ou d'accident survenu sur le chantier doit faire l'objet d'un compte rendu immédiat au commandant de l'établissement.

Alimentation.

Art. 198. Les détachements extérieurs vivent à l'ordinaire.

Le chef de détachement a les attributions dévolues à l'officier adjoint au commandant pour la portion centrale, en tant que gérant de l'ordinaire. En cours de route, si l'emploi des carnets de commandes ne peut être pratiqué en raison des changements successifs des fournisseurs, il est fait usage de bons simples. S'il y a contestation au sujet de la qualité des denrées et que l'éloignement du conseil d'administration ou d'un commandant d'armes ne lui permette pas de soumettre le litige, le chef de détachement décide en présence de deux témoins.

Le remplacement des denrées refusées a lieu dans les conditions indiquées au cahier des charges. Pour éviter les conséquences des difficultés qui peuvent résulter de l'éloignement d'un centre d'approvisionnement, chaque détachement peut être pourvu d'un ou deux jours de vivres de conserve. Le surcroît de dépenses qui résulterait, le cas échéant, de la consommation de ces vivres, serait à la charge du fournisseur.

Une avance, dont l'importance est déterminée par le conseil d'administration, est remise au commandant du détachement pour les menues dépenses qu'il doit solder, à charge de fournir les justifications réglementaires.

Les marchés nécessaires pour pourvoir à la fourniture des denrées sont passés par le conseil d'administration. Les factures sont remises pour visa au chef de détachement, puis adressées, avec le relevé mensuel, au commandant de l'établissement qui en fait assurer la vérification et le payement ainsi qu'il est dit à l'article 135, *c*).

Si l'isolement ou l'éloignement de certains chantiers rend difficile la passation des marchés, les denrées et le combustible peuvent, sur l'ordre du général commandant la division, être fournis en nature par le service des subsistances militaires, à charge de remboursement par la masse d'ordinaire.

Il en sera toujours ainsi lorsque les chantiers seront établis à proximité de troupes qui touchent les vivres ou la viande fraîche en nature.

Le remboursement, au taux fixé par le Ministre, a lieu par la voie de versement au Trésor, dans les conditions de l'instruction sur le service des subsistances.

Le livret d'ordinaire des détachements n'est communiqué à la portion centrale, en cours de gestion, qu'en cas d'absolue nécessité. Il y est adressé en fin d'année pour y être conservé.

La surveillance de l'ordinaire, en ce qui concerne la préparation et la qualité des aliments, est assurée inopinément par les officiers chargés de visiter les détachements (art. 136). En outre, le général commandant le corps d'armée peut, s'il le juge indispensable, prescrire l'envoi inopiné, sur les chantiers, d'officiers montés ou de médecins militaires pour inspecter cette partie du service.

Rapports à fournir.

Art. 199. Indépendamment de la situation de dizaine à envoyer à la portion centrale dont il est question à l'article 243 ci-après, le chef du détachement adresse, chaque semaine, un rapport au commandant. Il y rend compte de la conduite tenue par les condamnés, signale comme il est dit à l'article 24 ceux qui se sont fait remarquer par leur zèle et leur docilité. Il y indique toutes les punitions prononcées, les demandes faites, et relate tous les incidents qui se sont produits depuis l'envoi du précédent rapport.

Dès que l'installation d'un camp est terminée, le chef de détachement envoie un rapport spécial au commandant de l'établissement, lui faisant connaître avec précision la situation du camp, les conditions d'installation, les mesures prises pour assurer l'alimentation en eau, etc., etc.

Si un événement important se produit, un rapport spécial est envoyé sur-le-champ pour en rendre compte.

CHAPITRE XI.

FONDS PARTICULIER DES DÉTENUS.

Constitution d'un fonds particulier au profit des détenus.

Art. 200. Il est constitué, pour tout condamné et pour tout prévenu qui le demande, un fonds particulier auquel sont versés :

1° Les sommes saisies au moment de l'écrou;

2° Les salaires correspondant au travail;

3° Les versements que l'intéressé effectue au moyen de ses ressources personnelles, ou qui sont faits par des tiers à son profit;

4° La portion des allocations de solde non employées à la nourriture lorsque le détenu a conservé son grade, et, d'une manière générale, toutes les sommes acquises par le détenu au service de l'Etat;

5° L'avoir à la masse individuelle quand l'homme provient d'un corps où ce système d'allocation est en vigueur;

6° L'avoir au fonds particulier si le détenu vient d'un autre établissement.

Constitution d'un pécule au profit des condamnés.

Art. 201. Dans le but de procurer aux détenus, à l'époque de leur libération, des moyens d'existence en attendant qu'ils aient trouvé du travail, de même que pour les prémunir contre le délit de lacérations et destructions volontaires, un dixième du montant des salaires de chaque quinzaine est tenu en réserve au compte des fonds particuliers (art. 212), sous la rubrique « Pécule ».

Le pécule est cumulé jusqu'à l'expiration de la peine du condamné et, en aucun cas, il ne peut supporter d'autre imputation que celle résultant des débets lorsque l'avoir au fonds particulier proprement dit est, au moment de la sortie de l'établissement, insuffisant pour les acquitter.

Au moment de cette sortie, le pécule reçoit une destination analogue à celle donnée au fonds particulier (art. 206).

Prélèvements autorisés sur les fonds particuliers.

Art. 202. Tout détenu peut être autorisé à prélever, sur son fonds particulier, les sommes nécessaires à l'amélioration de la nourriture réglementaire ou à l'achat de tabac et d'objets de cantine.

Etant donnés la constitution du pécule (art. 201) et le prélèvement du dixième des salaires pour l'acquittement des frais de justice (art. 205), l'importance des sommes dont le détenu peut ainsi disposer peut atteindre :

1° Les 9/10 des salaires, si les frais de justice sont acquittés;

2° Les 8/10 dans le cas contraire,
sans pouvoir dépasser toutefois 50 centimes par jour pour les condamnés n'ayant pas conservé leur grade et les caporaux, et 75 centimes pour les sous-officiers.

Les sommes ainsi employées ne sont pas remises en espèces; l'établissement solde directement, à l'entrepreneur de la cantine, les dépenses faites.

Quand le fonds particulier est libre de toute imputation, le détenu peut également être autorisé à faire des prélèvements pour tout objet autre que l'amélioration de son ordinaire. Il doit, le cas échéant, en formuler la demande par écrit; le commandant de l'établissement assure le payement ou l'envoi des fonds au destinataire indiqué.

Imputations aux fonds particuliers des détenus.

Art. 203. Les détenus sont pécuniairement responsables des dégradations au casernement, des détériorations, lacérations ou destructions d'effets d'habillement, de petit équipement, d'objets divers, des bris ou détérioration de machines, outils et marchandises appartenant aux entrepreneurs, commis de propos délibéré et des pertes de ces effets ou objets, provenant de leur fait.

Les sommes ainsi mises à leur charge, dans les formes prévues à l'article 231, sont imputées à leur fonds particulier et portées en dépense au compte trimestriel de ce fonds et au livret individuel, en même temps que la dépense correspondant à l'imputation est inscrite au registre-journal.

Quand un détenu ayant un débet à sa charge est renvoyé directement dans ses foyers lors de sa sortie de l'établissement pénitentiaire, ou est décédé dans ledit établissement, où est rayé des contrôles après évasion, ou remis aux établissements pénitentiaires civils, le compte des fonds particuliers est crédité du montant du débet et la dépenses est inscrite au chapitre 1er du registre des fonds divers, comme avance faite au compte précité, jusqu'au jour où le débet est recouvré par les soins de l'administration des finances ou imputé à la masse d'habillement à titre définitif en cas d'avis d'irrécouvrabilité.

Pour permettre d'assurer la dénonciation du débet au Ministre des finances, un état détaillé des sommes dues par l'homme au moment de sa radiation est adressé par l'établissement au Ministre (Direction de l'Intendance; Bureau de l'Habillement). A cette pièce est joint un état signalétique et des services de l'homme, indiquant le lieu de la résidence choisi par lui ou l'établissement civil dans lequel il a été transféré et au besoin tous renseignements connus sur la résidence et les ressources de sa famille.

L'établissement est avisé du recouvrement par l'envoi qui lui est fait d'une ordonnance de remboursement émise à son profit par le Ministre des finances.

En cas d'irrécouvrabilité, un avis est également adressé; l'envoi de cet avis peut être provoqué par l'intermédiaire du Ministre de la guerre (Bureau de l'Habillement) à tout moment jugé utile.

Transfert du débet en cas de changement d'affectation de l'intéressé.

Art. 204. Tout établissement pénitentiaire qui reçoit un condamné ayant à sa charge un débet dans son corps ou dans l'établissement pénitentiaire dont il provient rembourse à ce corps ou établissement le montant du débet. La dépense est inscrite au compte trimestriel des fonds particuliers, selon le principe posé à l'article précédent.

De même, tout corps de troupes qui reçoit un condamné libéré ayant encouru un débet rembourse ce débet à l'établissement pénitentiaire sur les fonds généraux de la caisse du corps et la dépense est inscrite au registre des fonds divers dans les conditions indiquées ci-dessus pour les établissements.

Si, au moment de la libération, le débet n'est pas acquitté, le corps opère ainsi qu'il est dit à l'article précédent pour la dénonciation du débet et l'imputation définitive à la masse d'habillement.

Dans le cas où le détenu libéré est dirigé sur un corps de troupes où fonctionne encore la masse individuelle, cette masse supporte le débet. Si l'homme est libéré avant d'avoir pu opérer le remboursement du débet, la dénonciation est faite et la dépense est alors supportée par la masse générale d'entretien.

Acquittement des amendes et frais de justice.

Art. 205. Le dixième des salaires de chaque condamné est réservé pour être versé au Trésor en vue de l'acquittement des frais de justice de toute origine à sa charge.

Les sommes ainsi réservées sont conservées en caisse par l'officier d'administration comptable ou l'agent principal pour être versées entre les mains de l'agent des finances, soit en fin d'année, soit en fin de trimestre pour les détenus qui ont quitté l'établissement au cours du trimestre.

Les sommes versées sont récapitulées dans un bordereau nominatif (modèle n° 38), établi en double expédition, dont l'une sert de pièce de dépense et l'autre est conservée par l'agent des finances.

Les sommes réservées pour être ainsi versées au Trésor figurent distinctement en avoir au livret individuel des condamnés et au compte des fonds particuliers, jusqu'au jour du versement; elles sont alors portées en dépense sur ces documents et au registre des frais de justice (modèle n° 48 *bis*).

Les récépissés constatant les payements effectués pour frais de justice, soit pour acompte, soit pour solde, sont remis aux intéressés lors de leur élargissement ou adressés à l'établissement sur lequel ils sont dirigés.

Afin d'éviter l'apposition d'un timbre de quittance de 0 fr. 25 pour chaque versement partiel, la quittance primitive revêtue du timbre est représentée à l'agent des finances pour recevoir l'inscription des acomptes successifs, en conformité de l'article 23 de la loi du 13 brumaire an VII. Cette somme de 0 fr. 25 est ajoutée au montant des frais de justice à recouvrer, comme dépense à supporter également par la retenue du dixième des salaires.

Les amendes et frais de justice constituent une catégorie de créances de l'Etat ne donnant pas lieu à remboursement entre établissements ou corps de troupes en cas de mutation du débiteur.

Si, au moment où le condamné est libéré ou renvoyé dans un corps, le montant des sommes reversées sur le dixième des salaires est insuffisant pour l'acquittement des frais de justice, le reliquat de l'avoir, déduction faite du pécule, peut être retenu en vertu d'une contrainte dont l'émission est provoquée dans les conditions fixées à l'article 209.

Un compte rendu annuel du recouvrement des frais de justice (modèle n° 38 *bis*) est adressé au Ministre (Direction du Contentieux et de la Justice militaire) dans le courant du mois de janvier qui suit l'année écoulée.

Destinations à donner aux fonds particuliers des détenus rayés des contrôles.

Art. 206. Après paiement des dépenses de cantine, des imputations de dépenses autorisées à titre exceptionnel, et après retenue du montant des amendes et frais de justice, le fonds particulier d'un détenu quittant l'établissement pénitentiaire reçoit, suivant le cas, les destinations indiquées au tableau ci-après :

a) *Condamné dont la peine est expirée envoyé dans un corps de troupe.*

Le reliquat est expédié au corps destinataire pour être déposé à la Caisse nationale d'épargne dans les conditions indiquées à l'article 207 ci-après. Toutefois, si l'homme est réintégré dans un corps où la masse individuelle est exceptionnellement maintenue, l'avoir disponible est versé à sa masse.

b) *Condamné libéré et rentrant dans ses foyers.*

Si le reliquat disponible au fonds particulier ne dépasse pas la somme de 20 francs, il est remis directement à l'intéressé au moment où il quitte l'établissement. Dans le cas contraire, il ne lui est remis que la somme de 20 francs et le surplus lui est adressé par mandat postal dans la localité où il a déclaré se retirer.

Si la somme excédant 20 francs paraissait au chef de l'établissement trop faible pour nécessiter l'envoi d'un mandat postal, il pourrait exceptionnellement remettre la totalité de l'avoir au condamné.

Les frais de poste sont précomptés sur le montant de l'envoi.

Toutefois, l'homme qui n'a subi qu'une condamnation inférieure à trois mois, ainsi que celui qui se retire dans le département où est situé l'établissement pénitentiaire, reçoit lors de sa libération la totalité de son avoir disponible.

c) *Détenu qui vient d'être condamné à la détention ou à la réclusion.*

Le reliquat du fonds particulier est versé à la Caisse nationale d'épargne et le livret est envoyé sans retard au Ministre de la guerre (Direction du Contentieux et de la Justice militaire; Bureau de la Justice militaire), qui le fait parvenir au Ministre de l'intérieur.

d) *Détenu qui vient à encourir une condamnation aux travaux forcés ou qui doit être envoyé aux compagnies disciplinaires des colonies.*

L'établissement fait connaître au Ministre de la guerre (Direction du Contentieux et de la Justice militaire) l'avoir restant disponible au fonds particulier du condamné. L'administration de la guerre se concerte, selon le cas, avec celle de la marine ou des colonies pour déterminer la destination à donner à cet avoir.

e) *Détenu évadé.*

Le compte du fonds particulier est arrêté après l'expiration des délais de grâce, lorsque l'homme est déclaré déserteur. Le reliquat disponible, après déduction s'il y a lieu de la valeur des effets emportés par le déserteur, est alors versé à la Caisse des dépôts et consignations.

f) *Détenu décédé.*

Le reliquat disponible est versé à la Caisse des dépôts et consignations.

Demande de livrets de caisse d'épargne.

Art. 207. Les demandes de livrets de caisse d'épargne au nom des intéressés doivent porter la mention suivante :

« La signature du titulaire du livret sur les demandes de remboursement présentées avant son passage dans la réserve de l'armée active devra toujours être visée par son chef de corps. »

Conservation et communication des livrets.

Art. 208. Les livrets de la Caisse nationale d'épargne appartenant à des condamnés, de quelque provenance que ce soit, sont conservés dans la caisse de l'établissement sans que le titulaire puisse, en principe, toucher au capital ou aux intérêts à en provenir, jusqu'au jour où il est rendu à la vie civile.

Toutefois, le commandant ou l'agent principal peut autoriser, au cours de la détention, des prélèvements sur les sommes déposées afin de venir en aide à des parents, d'acquitter une dette antérieure à l'incarcération dûment justifiée et même, en cas de bonne conduite, d'acheter des gilets de tricot, chaussettes, denrées et objets de cantine.

Le commandant ou l'agent principal vise les demandes de remboursement établies par les intéressés et s'assure que les fonds perçus reçoivent bien la destination qui a motivé l'autorisation.

Les livrets sont communiqués tous les trois mois aux intéressés pour leur permettre de s'assurer de l'exactitude des inscriptions.

Destination à donner aux livrets de caisse d'épargne lorsque le titulaire quitte l'établissement.

Art. 209. — a) *Hommes changeant d'établissement pénitentiaire ou envoyés dans un autre corps de troupe.* — Le livret est envoyé au nouvel établissement ou au corps de troupe qui en donne récépissé. Ces récépissés sont conservés dans la caisse de l'établissement pendant trente ans.

b) *Hommes renvoyés dans leurs foyers.* — Les hommes libérés du service militaire sont mis en possession de leur livret de la Caisse nationale d'épargne contre récépissé. Le récépissé est conservé pendant trente ans dans les archives du corps.

S'ils restent débiteurs envers l'Etat, soit pour imputations d'effets, soit pour frais de justice, le percepteur de la localité est avisé par les soins du conseil d'administration ou de l'agent principal avant le renvoi des intéressés dans leurs foyers, et, autant que possible, quinze jours avant ce renvoi, que les hommes sont débiteurs envers l'Etat et possèdent un livret, de manière qu'ils puissent prendre toute mesure conservatoire utile.

Le livret sera remis au percepteur sur sa réquisition.

Les livrets appartenant à des militaires affectés aux compagnies disciplinaires des colonies lors de leur sortie des établissements pénitentiaires, ou remis aux établissements pénitentiaires civils, sont adressés au Ministre de la guerre en même temps qu'un état des débets qui auraient été encourus par eux et des frais de justice restant dus.

Le Ministre de la guerre prend, s'il y a lieu, les mesures nécessaires pour assurer le recouvrement des sommes dues à ces deux titres et se concerte avec le Ministre de la marine ou des colonies au sujet de la destination à donner au livret en cas d'excédent des sommes déposées.

Les livrets appartenant à des militaires décédés dans un établissement sont remis contre récépissé au receveur des postes de la localité. Le conseil d'administration ou l'agent principal donne sans retard avis du dépôt du livret aux héritiers connus, afin qu'ils puissent remplir les formalités voulues pour entrer en possession de ces titres.

Les livrets appartenant à des hommes évadés sont également remis par bordereau, contre reçu, au receveur des postes après expiration des délais de repentir.

Avis de ces dépôts est donné quinze jours à l'avance au percepteur de la localité, si le décédé ou l'évadé laisse les frais de justice non payés ou des débets envers l'établissement.

Remboursement des sommes inscrites aux livrets.

Art. 210. Les hommes titulaires de livrets de caisse d'épargne renvoyés dans leurs foyers à l'expiration de leur peine, qui ne sont débiteurs à aucun titre envers l'Etat, ont la faculté d'établir, avant de quitter l'établissement pénitentiaire, leur demande de retrait de fonds et de faire viser cette pièce par le chef de l'établissement. Après l'accomplissement de cette formalité, l'autorisation du remboursement est adressée poste restante au receveur des postes de la localité dans laquelle se retire l'homme.

Dans le cas où le titulaire du livret, après avoir exprimé le désir d'entrer en possession des fonds déposés en son nom à la Caisse d'épargne, se refuserait à signer la demande de remboursement établie à son intention, mention de ce refus sera faite par deux témoins sur ce document, qui sera conservé par l'établissement.

Quant au livret lui-même, si l'intéressé refuse de le recevoir, il sera remis, contre récépissé, au receveur des postes de la garnison, dans les conditions indiquées à l'article 869 de l'instruction générale sur la Caisse nationale d'épargne.

Si le titulaire du livret, après avoir signé la demande de remboursement établie à son intention, se refuse à faire emploi de l'autorisation de remboursement délivrée par le service de la Caisse d'épargne en réponse à toute demande de remboursement reconnue valable, mention de ce refus sera faite par deux témoins sur ce document, qui sera conservé par l'établissement.

Il convient d'ajouter qu'à l'expiration d'un délai d'un mois, le receveur des postes doit, en vertu des règlements, considérer l'autorisation de remboursement comme nulle et transmettre à l'administration la demande de remboursement devenue sans objet, ainsi que le livret qui lui avait été précédemment remis en vue du remboursement intégral.

Comptes courants tenus par les sergents de section.

Art. 211. L'adjudant de surveillance ou le chef de détachement tient un extrait du compte courant des fonds particuliers pour les détenus placés sous sa surveillance, de manière que les sommes dépensées par chacun d'eux ne puissent jamais excéder l'avoir.

Cet extrait est arrêté mensuellement; il est divisé en deux colonnes et est destiné à mentionner d'une part :

1° A l'expiration de chaque quinzaine, l'inscription de la somme que le détenu est autorisé à dépenser pendant la quinzaine suivante, les gratifications lui revenant dans la répartition de la masse;

2° A leur date réelle, les dépenses de cantine effectuées par les détenus.

Comptabilité des fonds particuliers.

Art. 212. Le compte des fonds particuliers (modèle n° 36) est tenu par trimestre. Il fait ressortir :

En recettes :

L'avoir au premier jour du trimestre ou au moment de l'écrou;

Le montant des salaires d'après les états de répartition (modèles nos 34 et 35);

Les versements volontaires, fonds de poste, dons, fonds de masse individuelle, envois de fonds d'autres établissements ou de corps, etc.

En dépenses :

Le débet au 1er jour du trimestre le cas échéant;

Les imputations pour lacérations ou destructions volontaires;

Les envois de fonds à d'autres établissements;

Les dépenses de cantine;

Les versements au Trésor pour l'acquittement des frais de justice;

Les remises ou envois de fonds au moment de l'élargissement, etc.

La balance entre les recettes et les dépenses donne, pour chaque détenu, la situation du compte au dernier jour du trimestre, ainsi que la répartition entre ses trois divisions (fonds particulier proprement dit, pécule, frais de justice). Une concordance absolue doit exister entre cette situation et celle qui figure au livret individuel (art. 213).

L'arrêté du compte doit, de même, être identique à celui qui ressort à la centralisation, sous la rubrique des fonds particuliers.

Chaque opération de recette ou de dépense intéressant les fonds particuliers, dans leur ensemble ou séparément, donne lieu à une inscription au registre-journal des recettes et des dépenses.

Indépendamment de l'arrêté trimestriel, le compte de chaque détenu est arrêté en cas de libération, de transfert dans un autre établissement, d'évasion ou de décès.

Livret individuel.

Art. 213. Chaque détenu ayant un compte de fonds particulier est pourvu d'un livret individuel (modèle n° 53) qui reçoit, dans la partie *ad hoc*, l'inscription des recettes et des dépenses intéressant le fonds particulier proprement dit, le pécule et les frais de justice. Ce livret est la propriété du détenu; il lui est communiqué chaque quinzaine, le dimanche, s'il en formule le désir.

Lorsqu'un détenu ne doit pas séjourner plus d'une semaine dans la prison, il n'est pas indispensable d'établir un livret à son nom; il suffit qu'au moment de son départ, un compte d'emploi de son avoir puisse lui être présenté pour être revêtu de son approbation.

TITRE III.

ADMINISTRATION ET COMPTABILITÉ.

CHAPITRE I.

ADMINISTRATION.

Conseils d'administration des pénitenciers et ateliers de travaux publics.

Art. 214. Dans tous les pénitenciers et ateliers de travaux publics, l'administration est exercée par un conseil d'après les règles fixées pour les corps de troupe, sauf les modifications indiquées à la présente instruction.

Ces conseils sont composés comme il suit :

Le commandant de l'établissement, président;

L'officier adjoint au commandant; l'officier d'administration comptable-secrétaire, avec voix délibérative, membres.

En cas de vacance d'emploi ou d'absence de longue durée du commandant, l'officier adjoint prend la présidence et est suppléé dans le conseil par un officier de la garnison d'un grade inférieur au sien, désigné par le commandant d'armes. Dans les mêmes cas, l'officier adjoint est également remplacé par un officier de la garnison et l'officier comptable par son adjoint.

Lorsque, par suite de circonstances imprévues, le nombre des membres du conseil présents est inférieur à trois, le commandant prend, sous sa responsabilité, les mesures urgentes pour assurer le service jusqu'à ce que le conseil soit reformé.

Installations, séances, attributions et responsabilité des conseils d'administration.

Art. 215. Toutes les dispositions de la loi du 16 mars 1882 sur l'administration de l'armée et du règlement sur l'administration et la comptabilité des corps de troupe, relatives à l'installation, aux séances et à la responsabilité des conseils d'administration des corps de troupe et de leurs agents, sont applicables aux conseils d'administration des établissemnets pénitentiaires.

Ces conseils ont dans leurs attributions la direction de toutes les dépenses et l'emploi de fonds mis à leur disposition.

Le président du conseil d'administration cumule les attributions et responsabilités qui, dans les corps de troupe, incombent au président du conseil et au major.

L'officier d'administration comptable cumule les attributions et responsabilités que le règlement sur l'administration et la comptabilité intérieure des corps de troupe (1) a fixées pour le trésorier et l'officier d'habillement.

Administration des prisons militaires.

Art. 216. L'administration des prisons militaires est confiée à l'agent principal dans les conditions fixées par l'article 24 de la loi du 16 mars 1882 sur l'administration des compagnies ou sections formant corps.

Lorsque la prison est, exceptionnellement, commandée par un officier, l'administration lui est confiée.

Caisse et valeurs.

Art. 217. Les pénitenciers et ateliers de travaux publics ont deux caisses, celle du conseil d'administration et celle de l'officier comptable. Les prisons n'ont qu'une caisse.

Les dispositions du règlement sur l'administration et la comptabilité des corps de troupe relatives au logement et à la garde des caisses, aux fonds qui y sont déposés, aux détenteurs des clefs et à leur responsabilité, à la tenue du carnet de caisse et à la vérification des fonds en caisse dans les corps de troupe sont applicables aux établissements pénitentiaires.

Les caisses ne doivent jamais recevoir, même à titre de simple dépôt, aucuns fonds dont la destination serait étrangère à l'admi-

(1) Décret du 20 mars 1906 (É. M., vol. 1).

nistration de l'établissement, excepté en ce qui concerne les fonds particuliers des détenus.

Dépositaire des clefs de la caisse du conseil.

Art. 218. L'une des clefs de la caisse du conseil reste entre les mains du commandant de l'établissement, l'autre clef est remise à l'officier adjoint; ce dernier ne peut s'en dessaisir que pour la remettre à son successeur ou à son suppléant dans le conseil.

En cas d'absence du commandant, la clef dont il est détenteur est confiée à l'officier comptable.

Dépôts au Trésor, recouvrements des imputations, pertes et déficits de fonds.

Art. 219. Les dispositions du règlement sur l'administration et la comptabilité intérieure des corps de troupe (1), relatives aux dépôts de fonds au Trésor, au retrait de tout ou partie de ces fonds, au recouvrement des imputations dont le président, les membres du conseil d'administration ou l'agent principal seraient rendus passibles, aux pertes et déficits de fonds provenant d'événements de force majeure ou d'autres circonstances extraordinaires, sont applicables aux établissements de la justice militaire.

Prestations en deniers.

Art. 220. La solde et les indemnités du personnel militaire, la masse d'habillement et d'ordinaire, constituent les dépenses en deniers des établissements pénitentiaires considérés comme corps de troupe.

Les diverses prestations énumérées ci-dessus sont fixées par les tarifs en vigueur.

La solde, les indemnités, les masses et les prestations en nature sont régies respectivement par le règlement sur le service de la solde, le règlement sur l'administration et la comptabilité des corps de troupe, le règlement sur la masse d'habillement dans les établissements et les prisons et la présente instruction.

Règles de perception.

Art. 221. La solde du personnel militaire est perçue par mois

---

(1) Décret du 20 mars 1906 (É. M., vol. 1).

et à terme échu sur deux états de solde distincts; l'un pour les officiers de tous grades, l'autre pour les sous-officiers.

Les indemnités de première mise d'équipement aux sous-officiers nommés dans la justice militaire (établissements pénitentiaires) ou promus adjudants sont comprises sur l'état de solde des sous-officiers.

Les officiers et employés militaires ayant rang d'officier, ainsi que les sous-officiers rengagés ou commissionnés et les employés militaires ayant rang de sous-officier, touchent, en détention, la solde à laquelle leur position leur donne droit, d'après les règles prévues pour la position de congé.

La solde des personnes visées au précédent paragraphe est perçue au Trésor, par l'agent principal pourvu, à cet effet, d'une autorisation émanant de l'intéressé.

Règles de paiement.

Art. 222. La solde et les indemnités du personnel sont payées aux ayants droit aux mêmes époques et d'après les mêmes règles que celles prescrites, pour les officiers des corps de troupe, par le règlement sur l'administration et la comptabilité intérieure des corps de troupe (1).

Mode de régularisation des perceptions en deniers et en nature.

Art. 223. Les perceptions en deniers et en nature attribuées au personnel sont régularisées par des feuilles de journées et des revues de liquidation distinctes et nominatives pour les officiers et les sous-officiers, établies d'après les règles déterminées par le règlement sur le service de la solde; les perceptions en deniers et en nature afférentes aux détenus sont justifiées par des feuilles de journées numériques spéciales.

Approvisionnements.

Art. 224. Il est pourvu par achats à tous les besoins en denrées, objets de consommation, matières, effets et objets mobiliers et de matériel, fixés par les règlements et compris dans la nomenclature de la justice militaire et que l'administration de la guerre ne fournit pas directement aux établissements pénitentiaires.

Mode d'achat.

Art. 225. Les achats, sauf le cas de fournitures éventuelles de peu d'importance, ont lieu par marchés passés conformément

---

(1) Décret du 20 mars 1906 (É. M., vol. 1).

au règlement sur la comptabilité en deniers du Département de la guerre, relatif aux adjudications publiques et aux marchés.

Passation des marchés et achats sur simple facture.

Art. 226. Conformément au règlement sur la comptabilité du Département de la guerre et au décret relatif aux marchés, les conseils d'administration des établissements pénitentiaires préparent les cahiers des charges et passent les marchés pour toutes fournitures dont la dépense est autorisée par les règlements et par les instructions du Ministre.

Ils passent, sans autorisation préalable, les marchés au compte des masses dans les conditions indiquées à l'article 15 par le règlement sur l'administration et la comptabilité intérieure des corps de troupe (1), dont toutes les dispositions auxquelles il n'a pas été fait d'exception spéciale sont d'ailleurs applicables aux établissements pénitentiaires.

Les conseils d'administration et les agents principaux sont tenus de passer des marchés de gré à gré pour la fourniture annuelle des matières nécessaires au fonctionnement de l'atelier des tailleurs et des cordonniers chaque fois que l'importance annuelle approximative de cette fourniture dépasse 200 francs. Au-dessous de ce chiffre, des conventions verbales sont conclues.

Tous les marchés et conventions concernant les prisons militaires doivent être adressés au sous-intendant militaire; celui-ci les transmet par lettre portant avis motivé au commandant d'armes, qui les approuve s'il y a lieu.

Tous les projets de cahier des charges, de marché, et toutes les propositions d'achat préparés par les agents principaux des prisons doivent être approuvés par le commandant d'armes.

Dispositions relatives à l'acquisition du matériel entrant dans la comptabilité-matières.

Art. 227. Les objets mobiliers et le matériel des établissements pénitentiaires sont énumérés dans la nomenclature spéciale au service de la justice militaire.

Pour les matières qui donnent lieu à la prise en charge dans les comptes-matières, on se conforme aux dispositions du règlement et de l'instruction sur la comptabilité des matières appartenant au Département de la guerre (2).

(1) Décret du 20 mars 1906 (É. M., vol. 1).
(2) Décret du 26 novembre 1902 (É. M., vol. 27).

Les dépenses relatives à l'achat ou à l'entretien de ce matériel sont effectuées dans les conditions suivantes lorsqu'elles ne doivent pas être définitivement imputées aux masses.

Le remplacement du matériel réformé est autorisé par le directeur de l'intendance, quel qu'en soit le montant.

Les acquisitions à titre de première mise d'objets mobiliers et de matériel compris dans la nomenclature, ainsi que les réparations de ces objets, sont autorisées, par le commandant d'armes, jusqu'à concurrence de 100 francs et, par le général commandant le corps d'armée, jusqu'à 500 francs.

Lorsque la dépense dépasse cette somme ou que les objets mobiliers et le matériel ne sont pas compris dans la nomenclature, l'autorisation d'achat doit être accordée par le Ministre.

Toutes ces dépenses sont ordonnancées par les fonctionnaires de l'intendance.

Dispositions concernant les achats d'objets de consommation

Art. 228. Les achats de matières, ingrédients et objets de consommation qui ne figurent pas dans la comptabilité-matières sont effectués, sans autorisation préalable par les conseils d'administration, et, avec une autorisation spéciale du commandant d'armes, par les agents principaux, quand la dépense est inférieure à 50 francs. Le général commandant le corps d'armée autorise les dépenses dépassant cette somme dans les conditions indiquées à l'article précédent.

Ces achats sont justifiés par les quittances ou factures des fournisseurs. Ils donnent lieu à la production trimestrielle de relevés de remboursement n° 1 *bis* (modèle annexé au règlement sur l'administration dans les corps de troupe).

Réception de matières, effets et objets.

Art. 229. Toutes les livraisons de matières, effets et objets faites aux établissements pénitentiaires sont reçues, après vérification, par le conseil d'administration ou par ses délégués; dans les prisons, les réceptions sont assurées par l'agent principal. Les fournitures qui ne sont pas exactement semblables aux échantillons et modèles-types ou qui ne réunissent pas les conditions imposées par les cahiers des charges sont refusées et rendues aux livranciers. En cas de contestation, il est procédé suivant les règles prévues dans les cahiers des charges.

Les réceptions d'effets et objets provenant des magasins de l'administration ou des corps de troupe et les difficultés aux quelles elles peuvent donner lieu sont réglées conformément aux dispositions du décret sur la comptabilité-matières et des règlements sur le service de l'habillement dans les établissements pénitentiaires.

Pertes et dégradations de matériel par cas de force majeure.

Art. 230. En cas de pertes ou avaries de matières, effets ou objets de matériel résultant d'événements de force majeure ou de circonstances extraordinaires, le conseil d'administration ou l'agent principal prévient immédiatement le sous-intendant militaire, qui procède à une enquête dont les résultats sont consignés dans un procès-verbal établi en double expédition dans les conditions prévues par les règlements et instructions en vigueur.

Le sous-intendant militaire peut décider la mise au compte de l'Etat du montant des pertes, moins-values ou frais de réparation, lorsque la somme ne dépasse pas 100 francs.

La décision appartient à l'intendant lorsque la dépense, supérieure à 100 francs, ne dépasse pas 200 francs.

Dans tous les autres cas, la décision est réservée au Ministre.

Pertes et dégradations provenant du fait des détenteurs ou occupants.

Art. 231. Lorsqu'il se produit des pertes ou dégradations d'effets, d'objets mobiliers ou de matériel, ou des dégradations au casernement, imputables aux détenteurs ou aux occupants, le conseil d'administration ou l'agent principal établit immédiatement un état détaillé et décompté des pertes et dégradations, indiquant à qui elles doivent être imputées.

Le décompte, accompagné d'un rapport détaillé justifiant des responsabilités encourues, est transmis au sous-intendant militaire chargé de la surveillance administrative de l'établissement.

Ce fonctionnaire procède alors à une enquête ayant pour objet de contrôler l'importance des imputations et la répartition des responsabilités; il rédige un rapport personnel contenant ses observations et propositions.

S'il conclut à engager la responsabilité d'un ou plusieurs agents de l'établissement, le dossier est transmis au Ministre; ces agents subissent sur leur solde la retenue prescrite par le décret sur l'administration des corps de troupe.

Si les pertes et dégradations sont rigoureusement imputables à des détenus, l'imputation de leur valeur aux intéressés est prononcée par le directeur de l'intendance du corps d'armée.

Le recouvrement des imputations faites aux détenus est opéré conformément aux dispositions de l'article 203.

Dans le cas où l'on se trouve dans l'impossibilité de désigner personnellement les détenus auteurs des dégradations, la dépense est répartie proportionnellement entre les détenus présents dans l'établissement, ou dans le local, ou dans l'atelier où les dégradations ont été faites.

Justification des sorties de matériel occasionnées par les pertes ou dégradations.

Art. 232. Les sorties de matériel perdu ou dégradé, soit par cas de force majeure, soit pour toute autre cause, sont justifiées dans les comptes-matières par des extraits de procès-verbaux établis conformément aux instructions sur la comptabilité-matières.

Réforme du matériel.

Art. 233. Le matériel, les effets et objets mobiliers figurant dans les comptes-matières des établissements pénitentiaires et qui sont devenus hors de service, par suite d'usure ou de changement de modèle, sont réformés à l'inspection générale annuelle, conformément aux règles fixées par les instructions spéciales.

Il est produit à cet effet à l'inspecteur général un état détaillé, par service, des objets proposés pour la réforme, sur lequel il mentionne sa décision.

Cependant ces dispositions ne sont pas applicables :

1° Aux effets et objets achetés au compte des masses, qui sont remplacés dès que le conseil d'administration les juge absolument inutilisables; dans les prisons militaires, l'agent principal fait approuver par le commandant le remplacement des effets au compte des masses de l'habillement;

2° Aux armes qui, hors d'état d'être réparées sur place, sont versées dans un établissement de l'artillerie, conformément à l'instruction sur le service de l'armement.

Les écritures auxquelles donnent lieu ces réformes et la destination à donner aux objets, effets ou matériel réformés, sont déterminées par les règlements sur la comptabilité des matières et sur l'administration des corps de troupe.

CHAPITRE II.

COMPTABILITÉ.

Registres et écritures. — Comptabilité.

Art. 234. Les registres, écritures et opérations auxquels donnent lieu l'administration et la comptabilité des établissements pénitentiaires sont consignés dans les registres ou pièces énumérées dans le tableau ci-après :

NUMÉRO des MODÈLES.	DÉSIGNATION DES REGISTRES ET PIÈCES.	OFFICIERS et AGENTS CHARGÉS de leur tenue en établissement.
Mod. général.	Registre matricule des officiers..........	Le commandant
Id.	Registre matricule des sous-officiers....	Id.
Id.	Livret matricule des officiers...........	Id.
Id.	Livret matricule des sous-officiers........	Id.
Id.	Feuillet du personnel des officiers........	Id.
Modèle L.	Feuillet du personnel des sous-officiers...	Id.
Ad libitum.	Registre destiné à l'officier de visite (1) ..	Id.
Mod. des corps	Registre de punitions....................	Id.
Id.	Carnet des déserteurs....................	Id.
Ad libitum.	Registre de correspondance avec le commandement........	Id.
Mod. VII de l'instruction du 30 août 1884.	Contrôle général de l'armement..........	L'offic. d'admin.
Mod. XXI de l'instruction du 30 août 1884.	Carnet de munitions......................	Id.
Mod. des corps	Registre des procès-verbaux de visite des armes..............................	Id.
Mod. 17 et 18.	Registres d'incarcération et d'écrou (2)...	Le commandant
Mod. 21.	Contrôles annuels des détenus...........	Id.
Mod. 5.	Registre de moralité des détenus........	Id.
Mod. 20.	Registre de dépôt des bijoux, valeurs et objets dont sont porteurs les hommes écroués............................	L'offic. d'admin.
Ad libitum. (Peut être remplacé par un registre à écrou et barrette renfermant les inventaires.)	Registre de dépôt des effets et objets appartenant aux corps de troupe apportés par les détenus....................	Id.
Mod. des corps	Registre des délibérations du conseil (3)..	Id.
Id.	Registre de correspondance du conseil (3).	Id.
Id.	Registre-journal des recettes et dépenses.	Id.

(1) Dans les prisons seulement.
(2) Fourni par l'administration centrale.
(3) Dans les pénitenciers ou ateliers de travaux publics seulement.

NUMÉRO des MODÈLES.	DÉSIGNATION DES REGISTRES ET PIÈCES.	OFFICIERS et AGENTS CHARGÉS de leur tenue en établissement.
Mod. 48.	Registre des fonds divers..............	L'offic. d'admin.
Mod. 47.	Registre de centralisation (modèle des corps)...........................	
Mod. des corps	Carnet de caisse.........................	Id.
Id.	Livret de compte courant avec le Trésor.	Id.
Id.	Livret de solde..........................	Id.
Id.	Catalogue des archives.................	Id.
Mod. 13.	Livret d'ordinaire........................	Id.
Mod. des corps	Registre des marchés et conventions passés au compte de la masse d'ordinaire.	Id.
Mod. 27.	Registre de cantine.....................	Le lieut. adj.
Mod 30.	Carnet de travail.........................	L'offic. d'admin.
Mod. 36.	Compte des fonds particuliers des détenus..................................	Le lieut. adj.
Mod. 14.	Registre du vaguemestre..............	L'offic. d'admin.
Mod. 23.	Registre des fonds et valeurs trouvés dans les lettres..........................	Le vaguemestre
Mod. 24.	Carnet d'entrée et de distribution de timbres trouvés dans les lettres	L'offic. d'admin.
Mod. des corps	Registres des entrées et sorties du matériel appartenant à l'Etat...............	Id.
Id.	Registre des matériaux d'emballage.	Id.
Id.	Registre de route.........................	Id.
Id.	Barème des frais de route..............	Le commandant
Mod. 3 de l'instruction du 30 mars 1899.	Registre des entrées et sorties du matériel acheté sur les fonds de la masse d'habillement..................................	Id.
Ad libitum.	Carnet des matières et objets de consommation courante.........................	L'offic. d'admin.
Mod. des corps	Livret des échantillons et modèles-types.	Id.
Mod. du règlement sur le service de santé.	Registre des malades à l'infirmerie.......	Id.
	Registre des malades à l'hôpital.........	Le médecin.
	Registre de vaccination..................	Id.
	Cahier de visite médicale...............	Id.
	Registre des médicaments..............	Id.
Mod. n° 53.	Livret de détention......................	Id.
		L'offic. d'admin.

Les registres et imprimés qui ne sont pas fournis par l'administration centrale sont à la charge des frais de bureau des officiers ou agents chargés de tenir et d'établir ces documents.

Aucune dépense d'imprimés ou de fournitures de bureau ne doit être supportée par les sous-officiers employés à la surveillance ou aux écritures.

Dispositions particulières.

Art. 235. Les dispositions particulières concernant soit les registres et documents spéciaux aux établissements pénitentiaires, soit les registres en usage dans les corps ou services qui ont reçu quelques modifications pour être appropriés à l'administration de ces établissements, sont indiquées sur les modèles annexés au présent règlement.

Perceptions d'avances.

Art. 236. Conformément aux dispositions de l'article 170 du règlement du 3 avril 1869, des avances peuvent être perçues dans les ateliers de travaux publics, les pénitenciers et les prisons où il existe des ateliers de travail régis par économie et pour cette partie seulement du service. La perception et le mode de justification de ces avances ont lieu comme il est dit au règlement précité.

Remboursement. — Rapports de liquidation.

Art. 237. Le remboursement des avances faites par l'établissement pénitentiaire pour l'exécution des divers services a lieu dans les conditions et aux époques fixées par le présent règlement ou par celui sur l'administration et la comptabilité intérieure des corps de troupe (1), sur la production de relevés accompagnés de pièces justificatives. Les dépenses omises dans un relevé sont comprises dans un relevé suivant à établir au titre du même exercice.

Si les dépenses omises concernent le 4e trimestre, il est établi un relevé supplémentaire au titre de l'exercice auquel les dépenses se rapportent.

Les rapports de liquidation sont établis par les fonctionnaires de l'intendance d'après les dispositions de l'instruction ministérielle du 14 août 1900.

Situation administrative des détenus.

Art. 238. Le commandant de l'établissement établit, les 1er, 11 et 21 de chaque mois, une situation administrative numérique décadaire (modèle n° 50). L'effectif des détenus y est inscrit quotidiennement. Elle ne comprend, à une date déterminée, que les détenus présents dans la journée précédente, c'est-à-dire ayant eu droit pour cette journée aux allocations qui y sont mentionnées.

L'officier d'administration comptable, et dans les prisons

(1) Décret du 20 mars 1906 (É. M., vol. 1).

l'agent principal, transcrit provisoirement au crayon, sur une feuille de journées ouverte par ses soins, les inscriptions portées sur la situation administrative.

Dans les cinq jours qui suivent l'expiration de la période décadaire, la situation est envoyée au sous-intendant militaire chargé de la vérification des comptes de l'établissement, accompagné des pièces à l'appui et d'un bulletin faisant connaître, pour l'ensemble de l'établissement, l'effectif au dernier jour de la dizaine. Le sous-intendant militaire conserve ce bulletin pour la vérification de la dizaine suivante.

Les inscriptions provisoires de la feuille de journées sont rectifiées, s'il y a lieu, et rendues définitives lors du retour de la situation administrative à l'établissement.

Situation administrative des détenus à établir par les détachements.

Art. 239. Les chefs de détachements trop éloignés de l'établissement pour que les mutations de détenus puissent être portées sur les situations administratives de l'établissement tiennent une situation de dizaine (modèle 49) présentant journellement, pendant cette période, la situation du détachement.

A l'expiration de la dizaine, cette situation est envoyée à la portion centrale accompagnée de pièces à l'appui et soumise ensuite à la vérification du sous-intendant militaire, qui la retourne à l'établissement.

Les totaux de la situation de dizaine sont inscrits sur la feuille de journées de l'établissement auquel appartient le détachement.

Feuille de journées trimestrielle.

Art. 240. Pour constater les droits de l'établissement aux diverses prestations en deniers et en nature, il est tenu pour les détenus une feuille de journées numérique trimestrielle conforme au modèle 51 ci-annexé.

Cette feuille indique séparément les effectifs des détachements.

Décompte de libération des prestations acquises.

Art. 241. Le décompte de libération des prestations acquises à l'établissement, autres que celles de l'habillement, figure sur la feuille de journées trimestrielle dans des tableaux spéciaux.

Ces tableaux présentent distinctement le décompte des allocations en deniers (allocations d'ordinaire et frais de bureau) et celui des fournitures en nature (pain).

Cette feuille de journées est mise à l'appui de l'état de liquidation établi par le sous-intendant militaire au titre de la justice militaire; une expédition est conservée par le sous-intendant militaire.

Comptes.

Art. 242. Les comptes et écritures des établissements pénitentiaires comprennent, en outre de ceux qui doivent être produits en vertu des dispositions spéciales qui figurent aux titres précédents du présent règlement :

Les revues générales de liquidation du service de la solde (1re partie);

Le relevé sommaire et annuel du registre de centralisation;

Les comptes de gestion de la justice militaire, de l'habillement et du campement, et des services de l'artillerie et du génie.

Ces documents sont établis par le conseil d'administration ou l'agent principal d'après les règles, dans les formes et les délais prescrits pour les corps de troupe.

Le relevé sommaire annuel du registre de centralisation est remis annuellement au sous-intendant militaire, qui le vérifie, l'arrête et le fait parvenir au directeur de l'intendance suivant les prescriptions du règlement sur l'administration et la comptabilité intérieure des corps de troupe (1).

Ce document est transmis au Ministre, sous le timbre de la direction du contentieux et de la justice militaire.

Les comptes de gestion de la justice militaire, de l'habillement et du campement, de l'artillerie et du génie sont vérifiés par le sous-intendant et transmis au Ministre par le directeur de l'intendance sous le timbre du service auquel chacun d'eux ressortit.

Dispositions spéciales concernant les condamnés provenant des corps de l'armée coloniale et de la marine.

Art. 243. Dans les établissements où se trouvent des détenus appartenant à des corps de l'armée coloniale ou à la marine, il n'est tenu qu'une seule situation administrative numérique, mais cette situation fait ressortir, dans des colonnes spéciales, le nombre des journées de présence de ces hommes.

Il est ouvert, à cet effet, trois colonnes pourvues des mentions suivantes : « 1° Journées de présence des hommes de l'armée coloniale appartenant à des unités stationnées en France, en Algérie ou en Tunisie; 2° journées de présence des hommes de

(1) Décret du 20 mars 1906 (É. M., vol. I).

l'armée coloniale appartenant à des unités stationnées dans les colonies ou pays de protectorat; 3° journées de présence des hommes de la marine. »

Enfin, le sous-intendant militaire arrête en toutes lettres, à la suite des allocations en journées ou en nature, les nombres de journées de présence de ces hommes.

Par suite, il n'est tenu, dans ce cas, qu'une seule feuille de journées qui porte, dans des colonnes pourvues du titre nécessaire, l'inscription du nombre de journées de présence des hommes de ces diverses origines. La totalisation de ces nombres figure de même à la récapitulation trimestrielle.

Il n'est tenu aucune autre écriture accessoire au sujet de la présence des hommes en question dans les établissements pénitentiaires.

Les commandants d'ateliers de travaux publics ou de pénitenciers et les agents principaux joignent aux feuilles de journées trimestrielles adressées au sous-intendant militaire un état numérique (modèle 52) constatant le nombre de journées de présence des hommes des différents corps.

Le sous-intendant militaire, après vérification, adresse cet état à l'administration centrale (Direction du Contentieux et de la Justice militaire; Bureau de la Justice militaire), qui poursuit le remboursement au budget de la guerre du montant des frais de séjour.

Remboursement des frais d'entretien des indigènes détenus dans les établissements d'Algérie et de Tunisie.

Art. 244. Dans les établissements d'Algérie et de Tunisie qui ont reçu des indigènes, il est pareillement joint aux feuilles de journées trimestrielles des états du modèle précité, distincts pour les territoires du Nord et les territoires du Sud, pour servir au remboursement, au budget de la guerre, des frais d'entretien.

Ce remboursement est poursuivi, à la diligence du directeur de l'intendance de chaque division. Il est adressé au Ministre, à l'appui des récépissés de versement au Trésor, une ampliation de l'ordre de versement et un relevé indiquant par établissement le nombre de journées de séjour.

CHAPITRE III.

Vérification et régularisation des comptes. — Surveillance administrative. — Action des fonctionnaires de l'intendance et des généraux commandants.

Art. 245. Au point de vue de la vérification des comptes, les fonctionnaires de l'intendance exercent, sur les établissements pénitentiaires, la même action que sur les corps de troupe. Cette action s'étend, en outre, à la comptabilité des ordinaires, au produit de la main-d'œuvre et à la gestion des fonds particuliers des détenus.

La surveillance administrative est assurée par les généraux gouverneurs militaires ou commandants de corps d'armée et par les généraux commandant les divisions d'Algérie et de Tunisie, dans les mêmes conditions que pour les corps de troupe placés sous leur commandement. Ils peuvent déléguer leurs pouvoirs, à ce sujet, aux fonctionnaires de l'intendance.

ANNEXES.

1° Notice sur l'installation des camps de détenus employés dans les chantiers extérieurs.

Choix du terrain.

L'établissement d'un chantier ne peut être autorisé que lorsque les conditions de salubrité ont été, après enquête, reconnues acceptables (eau potable, paludisme, etc.).

Le camp destiné à être occupé par les détenus doit être établi, autant que possible, sur un terrain élevé et à pente légère, sec et découvert.

On évitera formellement de choisir des bas-fonds, des emplacements sur les bords des ruisseaux et des rivières, ou des étendues couvertes de lauriers-roses, cet arbuste indiquant un terrain humide, marécageux, malsain.

Afin de faciliter la surveillance, de prévenir et d'empêcher les évasions, les abords, sur un rayon de cent mètres au moins, ne doivent présenter ni dépressions trop fortes, ni fossés profonds, ni trous, ni broussailles.

Le camp ne doit pas être éloigné du chantier de plus de 500 mètres. Quand les travaux doivent consister en terrassements, il faut, de préférence, choisir l'emplacement de telle façon que le vent habituel de la région passe d'abord sur le camp, avant d'atteindre le chantier.

Tracé du camp.

La configuration du camp doit permettre une surveillance facile et exigeant peu de sentinelles.

Pour un détachement d'environ trente hommes, on donnera au camp la forme d'un triangle isocèle ou d'un secteur de cercle, de manière que deux sentinelles puissent en surveiller toutes les parties. La sentinelle placée au sommet qui est à l'intersection des deux faces égales pourra surveiller ces deux faces; celle placée à l'opposé surveille la base et l'intérieur.

Selon la durée probable de l'occupation du camp, et son importance, on exécutera, pour le limiter, des travaux plus ou moins considérables.

Pour une longue installation, on entourera le camp d'un double fossé ayant 0m,80 de profondeur, 0m,80 de largeur au fond et 1 mètre de largeur en haut; les terres sont rejetées vers l'intérieur.

Toutes les fois qu'il sera possible, le remblai sera planté d'une épaisse haie de jujubiers ou d'épines qu'on pourra trouver à proximité. Le premier fossé, à une distance de 3 mètres à 5 mètres de la ligne des tentes, sert de limite pendant la nuit.

Le deuxième fossé, creusé à une distance de 15 à 20 mètres du premier, sert de limite pendant le jour.

De jour, les détenus peuvent circuler sur tout le terrain limité par le deuxième fossé; ils ne peuvent franchir ce dernier qu'à la coupure ménagée pour aller à la feuillée.

De nuit, les détenus ne doivent, sous aucun prétexte, franchir le premier fossé.

Si l'occupation doit être de courte durée, on se bornera a placer sur le pourtour du camp une clôture en fils de fer armés.

Dans tous les cas, les limites du camp doivent toujours être indiquées d'une façon parfaitement nette; elles doivent être connues des détenus, ainsi que des militaires chargés de leur surveillance.

Intérieur du camp.

On exécute les menus travaux nécessaires pour le nivellement de l'emplacement des tentes et l'écoulement des eaux.

L'intérieur du camp présente deux parties : la première comprend, rangées symétriquement, les tentes de détenus séparées les unes des autres par un intervalle de 2 mètres. Au centre du groupe formé par ces tentes, on disposera un baquet de nuit.

La seconde partie du camp comprend la tente des sous-officiers, celle de l'infirmerie, celle de la garde auxiliaire et celle des punis.

Entre les deux parties, on dispose le lieu de rassemblement des détenus et le lieu de rassemblement de la garde auxiliaire. Vers les angles, on place les cuisines.

Eau.

L'eau servant à l'alimentation doit être à proximité du camp; si la source ou la fontaine est située à plus de 500 mètres, le transport est fait par les soins de l'entrepreneur; un filtre doit toujours être installé dans le camp. A défaut d'appareil spécial, on emploiera une cuve ou un tonneau, dans lequel on adapte un double fond percé de trous, recouvert d'une toile supportant des couches successives de gravier, charbon de bois et sable; on fera arriver l'eau très doucement et l'on tiendra le tonneau toujours plein.

L'eau doit être bonne, limpide; en cas de doute, le chef de détachement doit prélever un échantillon qu'il enverra à l'analyse de l'hôpital militaire le plus proche.

Cuisines.

Creuser, pour les cuisiniers, une tranchée de 1 mètre de large et $0^{m},60$ de profondeur, et, perpendiculairement à cette tranchée, des entailles de $0^{m},30/0^{m},30$ et de 1 mètre environ de long, dont chacune sert de foyer à une marmite.

Feuillée.

La feuillée est creusée à une distance de 10 à 15 mètres en dehors du dernier fossé; son emplacement est choisi de telle façon que le vent dominant n'en ramène pas les émanations vers le camp : éviter avec le plus grand soin de la construire dans le voisinage des fontaines, prises d'eau. Elle est comblée deux fois par jour, matin et soir, à l'aide des terres provenant du déblai, et prolongée ensuite dans le même sens.

Effets de campement et couchage.

Les chefs de détachement auront le plus grand soin du matériel de campement mis à la disposition des entrepreneurs. Afin de prévenir la mise hors de service des tentes, à la suite d'un ouragan, ces dernières devront, toutes les fois qu'il est possible, être dressées sur des terrains abrités du vent. Dès qu'une tente est en mauvais état, son remplacement sera demandé d'urgence au magasin le plus proche.

La paille de couchage doit être de bonne qualité; elle est distribuée, à raison de 5 kilogrammes par homme comptant à l'effectif et renouvelée tous les quinze jours. La paille peut être remplacée par du diss ou de l'alfa.

Afin d'empêcher la propagation de la vermine ou de tout germe de maladie, la vieille paille est transportée hors du camp et incinérée.

Les couvertures et les couvre-pieds sont délivrés par les soins de l'établissement; ces deux effets sont battus, nettoyés, tous les dimanches et exposés pendant plusieurs heures aux rayons solaires.

Dans le but de soustraire les hommes aux émanations et à l'humidité du sol, chaque chef de détachement fait construire des abris en clayonnages (instruction sur les travaux de campagne de l'infanterie du 15 novembre 1892). Ces clayes, placées horizontalement sur les piquets d'une hauteur de 0^{m},50 environ, forment un véritable lit de camp sur lequel on place la paille; les hommes reposent bien mieux et dorment plus à l'aise.

Ce mode de couchage donne les meilleurs résultats et s'oppose à la propagation de la fièvre.

Des abris du même modèle sont construits pour soustraire aux ardeurs du soleil les détenus employés au cassage de la pierre.

2 Divers articles du Code d'instruction criminelle et du Code pénal.

Articles 608, 609, 610 du Code d'instruction criminelle.

Art. 608. Tout exécuteur de mandat d'arrêt, d'ordonnance de prise de corps, d'arrêt ou de jugement de condamnation est tenu, avant de remettre au gardien la personne qu'il conduira, de faire inscrire sur le registre l'acte dont il sera porteur; l'acte de remise sera écrit devant lui. Le tout sera signé tant par lui que par le gardien. Le gardien lui en remettra une copie signée de lui, pour sa décharge.

Art. 609. Nul gardien ne pourra, à peine d'être poursuivi et puni comme coupable de détention arbitraire, recevoir ni retenir aucune personne qu'en vertu soit d'un mandat de dépôt, soit d'un mandat d'arrêt décerné selon les formes prescrites par la loi, soit d'un arrêt de renvoi devant la cour d'assises, d'un décret d'accusation ou d'un arrêt ou jugement de condamnation à peine afflictive ou à un emprisonnement, et sans que la transcription en ait été faite sur son registre.

Art. 610. Le registre ci-dessus mentionné contiendra également, en marge de l'acte de remise, la date de la sortie du prisonnier, ainsi que l'ordonnance, l'arrêt ou le jugement en vertu duquel elle aura lieu.

Articles 120, 177, 179 et 443 du Code pénal.

Art. 120. Les gardiens et concierges des maisons de dépôt, d'arrêt de justice ou de peine, qui auront reçu un prisonnier sans mandat ou jugement, ou sans ordres provisoires du gouvernement; ceux qui l'auront retenu, ou auront refusé de le présenter à l'officier de police ou au porteur de ses ordres, sans justifier de la défense du procureur de la République ou du juge; ceux qui auront refusé d'exhiber leurs registres à l'officier de police, seront, comme coupables de détention arbitraire, punis de six mois à deux ans d'emprisonnement et d'une amende de seize à deux cents francs.

Art. 177. Tout fonctionnaire public de l'ordre administratif ou judiciaire, tout agent ou préposé d'une administration publique, qui aura agréé des offres ou promesses, ou reçu des dons ou présents, pour faire un acte de sa fonction ou de son emploi, même juste, mais non sujet à salaire, sera puni de la dégradation civique et condamné à une amende double de la valeur des promesses agréées ou des choses reçues, sans que ladite amende puisse être inférieure à deux cents francs.

La présente disposition est applicable à tout fonctionnaire, agent ou préposé de la qualité ci-dessus exprimée, qui, par offres ou promesses agréées, dons ou présents reçus, se sera abstenu de faire un acte qui entrait dans l'ordre de ses devoirs...

. . . .

. . . .

Art 179. Quiconque aura contraint ou tenté de contraindre par voies de fait ou menaces, corrompu ou tenté de corrompre par promesses, offres, dons ou présents, l'une des personnes de la qualité exprimée en l'article 177, pour obtenir soit une opinion favorable, soit des procès-verbaux, états, certificats ou estimations contraires à la vérité, soit des places, emplois, adjudications, entreprises ou autres bénéfices quelconques, soit tout autre acte du ministère du fonctionnaire, agent ou préposé, soit enfin l'abstention d'un acte qui rentrait dans l'exercice de ses devoirs, sera puni des mêmes peines que la personne corrompue.

Toutefois, si les tentatives de contrainte ou corruption n'ont eu aucun effet, les auteurs de ces tentatives seront simplement punis d'un emprisonnement de trois mois au moins et de six mois au plus et d'une amende de cent francs à trois cents francs.

Art. 443. Quiconque, à l'aide d'une liqueur corrosive ou par tout autre moyen, aura volontairement détérioré des marchandises, matières ou instruments quelconques servant à la fabrication, sera puni d'un emprisonnement d'un mois à deux ans et d'une amende qui ne pourra excéder le quart des dommages-intérêts, ni être moindre de seize francs.

Si le délit a été commis par un ouvrier de la fabrique ou par un commis de la maison de commerce, l'emprisonnement sera de deux à cinq ans, sans préjudice de l'amende, ainsi qu'il vient d'être dit. (L. 13 mai 1863.)

3° Tableau des pénitenciers, ateliers de travaux publics et prisons militaires.

Ateliers de travaux publics.

Orléansville,
Bougie,
Etablissement pénitentiaire mixte de Tunisie à Teboursouk.

Pénitenciers militaires.

Fort-Gassion,
Albertville,
Douéra,
Bossuet,
Aïn-Beïda.

Prisons militaires.

Paris,
Lyon,
Lille,
Amiens
Rouen,
Le Mans,
Orléans,
Châlons,
Besançon,
Bourges,
Tours,
Rennes,
Nantes,
Limoges,
Clermont-Ferrand,
Grenoble,
Marseille,
Toulon,
Montpellier,
Collioure (annexe de Montpellier),
Toulouse,
Bordeaux,
Alger,
Oran,
Constantine,
Tunis.

4° Répartition dans les établissements pénitentiaires militaires, des condamnés à l'emprisonnement.

I. — La répartition, dans les établissements pénitentiaires militaires, des condamnés à l'emprisonnement, a lieu d'après la catégorie à laquelle ces condamnés appartiennent, en vertu des dispositions du décret du 26 février 1900, modifié le 11 mars 1910.

Dans le cas où un militaire est condamné par le même jugement pour crime ou délit militaire et pour délit de droit commun, l'affectation est réglée sur la nature du délit de droit commun.

II. — Les militaires ayant encouru une condamnation d'une durée inférieure ou égale à deux mois sont maintenus à la prison du siège du conseil de guerre, quelle que soit la catégorie à laquelle ils appartiennent: il en est de même de ceux qui, par suite de la déduction de la durée de la prison préventive, n'auraient à subir, au moment de la mise en route, qu'un reliquat de peine d'une durée inférieure à deux mois.

III. — Les militaires des troupes coloniales condamnés sur le territoire de la métropole reçoivent la même affectation que les militaires du corps d'armée sur le territoire duquel ils ont été condamnés.

IV. — Les militaires des troupes coloniales débarquant en France pour y subir une condamnation à l'emprisonnement reçoivent la même affectation que les militaires condamnés appartenant au corps d'armée sur le territoire duquel ils débarquent.

V. — Tous les condamnés, sans distinction, peuvent être réunis pour le transfert et même voyager avec les prévenus.

On utilise, pour le transfert des condamnés et prévenus, les convois périodiques, chaque fois que cette mesure est de nature à produire une économie. Lorsque l'emploi des convois périodiques n'est pas possible, les condamnés sont mis en route dès qu'ils sont au moins deux voyageant dans la même direction.

VI. — La répartition entre les établissements s'effectue conformément aux indications et au tableau ci-après :

A. — Intérieur.

1re catégorie (1).

Les militaires ayant à subir, au moment où le jugement devient définitif, une peine ou un reliquat de peine d'une durée de deux mois à un an au plus, sont maintenus dans la prison du siège du conseil de guerre, à l'exception des affectations ci-dessous :

Condamnés provenant du 2e corps....	Rouen.
Condamnés des 4e et 12e corps........	Orléans.
Condamnés du 13e corps.	Bourges.
Condamnés du gouvernement militaire de Lyon, des 15e et 16e corps......	Grenoble.
Condamnés du 20e corps............	Besançon.

Les condamnés ayant à subir une peine d'une durée de plus d'un an reçoivent les destinations ci-après :

Pénitencier de Fort-Gassion (2) :

Condamnés provenant du gouvernement militaire de Paris et des 1er, 2e. 3e, 4e, 5e, 6e, 9e, 10e et 11e corps d'armée.

Pénitencier d'Albertville (2) :

Condamnés provenant du gouvernement militaire de Lyon et des 7e, 8e, 12e, 13e, 14e, 15e, 16e, 17e, 18e et 20e corps d'armée.

2e catégorie.

Les établissements ci-dessous désignés reçoivent les condamnés ayant à subir une peine ou un reliquat de peine de deux mois à un an au plus, ainsi que les condamnés à plus d'un an qui doivent terminer leur temps de service dans un corps de la métropole.

---

(1) La durée de l'emprisonnement servant de base à la répartition des condamnés dans les prisons militaires est celle de la peine restant à subir. Il est donc fait déduction de la prévention.

(2) Dans le cas où l'effectif des pénitenciers viendrait à dépasser les ressources en casernement, l'excédent serait envoyé, par les soins du général commandant le 1er corps d'armée ou du gouvernement militaire de Lyon, savoir :

Du pénitencier de Fort-Gassion à la prison militaire de Lille;

Du pénitencier d'Albertville à la prison militaire de Grenoble.

Prison militaire d'Amiens :

Condamnés provenant des 1er, 2e et 3e corps d'armée.

Prison militaire du Mans :

Condamnés provenant des 4e, 9e, 10e et 11e corps d'armée.

Prison militaire de Clermont-Ferrand :

Condamnés provenant du gouvernement militaire de Paris, des 5e, 8e, 12e, 13e, 17e et 18e corps d'armée.

Prisons militaires de Marseille et de Toulon (1) :

Condamnés provenant du gouvernement militaire de Lyon, des 6e, 7e, 14e, 15e, 16e et 20e corps d'armée.
Les condamnés de la 2e catégorie qui ont à subir une condamnation d'une durée dépassant un an et qui doivent terminer leur temps de service dans un bataillon d'infanterie légère sont envoyés au pénitencier de Douéra, en Algérie.

Etablissement devant recevoir des condamnés corrompus ou dangereux, ayant à subir une peine de plus de deux mois, quelle que soit la catégorie à laquelle ils appartiennent.

Prison militaire de Rouen :

Condamnés provenant du 3e corps d'armée.

Prison militaire du Mans :

Condamnés provenant du gouvernement militaire de Paris, des 1er, 2e et 4e corps d'armée.

Prison militaire d'Orléans :

Condamnés provenant des 5e, 8e et 12e corps d'armée.

---

(1) La répartition des condamnés entre les prisons de Marseille et de Toulon est faite par M. le général commandant le 15e corps d'armée. En cas d'encombrement de ces prisons, le général commandant le 15e corps évacue sur l'Algérie un certain nombre de condamnés, pris parmi ceux dont la peine restant à subir est la plus longue.

Prison militaire de Rennes :

Condamnés provenant des 9e et 10e corps d'armée.

Prison militaire de Nantes :

Condamnés provenant du 11e corps d'armée.

Prison militaire de Grenoble :

Condamnés provenant du gouvernement militaire de Lyon et du 14e corps d'armée.

Prison militaire de Bordeaux :

Condamnés provenant des 17e et 18e corps d'armée.

Pénitencier militaire d'Albertville :

Condamnés provenant des 6e, 7e, 13e, 15e, 16e et 20e corps d'armée.

B. — Algérie.

1re CATÉGORIE.

Les condamnés ayant à subir une peine ou un reliquat de peine d'une durée ne dépassant pas deux mois sont maintenus à la prison du siège du conseil de guerre (1).

Les condamnés ayant à subir une peine d'une durée de plus de deux mois sont envoyés, savoir :

Ceux d'Alger et de Constantine au pénitencier d'Aïn-Béida;
Ceux d'Oran au pénitencier de Bossuet.

2e CATÉGORIE.

La prison militaire d'Alger conserve, par exception, les condamnés à une peine d'une durée d'un an au plus, provenant de la division d'Alger; les condamnés de la même division à plus d'un an sont affectés à Douéra.

Le pénitencier de Bossuet reçoit les condamnés à plus de deux mois provenant de la division d'Oran.

---

(1) La prison militaire d'Oran peut conserver des condamnés de la 1re catégorie à une peine dépassant deux mois, en cas de travail sur chantiers extérieurs.

Le pénitencier d'Aïn-Béida reçoit ceux provenant de la division de Constantine.

Les condamnés considérés comme corrompus ou dangereux sont maintenus à la prison du siège du conseil de guerre.

VII. — Les condamnés provenant des sections métropolitaines d'exclus sont envoyés au pénitencier de Douéra, où ils sont séparés, dans la mesure du possible, des autres condamnés.

C. — Tunisie.

Les condamnés de chaque catégorie ayant à subir une peine ou un reliquat de peine ne dépassant pas deux mois sont conservés à la prison militaire de Tunis.

Dans le cas contraire, ils sont affectés au pénitencier de Téboursouk.

TABLEAU

indiquant la destination que doivent recevoir les militaires condamnés à l'emprisonnement

TABLEAU indiquant la destination que doivent recevoir les militaires condamnés à l'emprisonnement.

RÉGIONS de CORPS D'ARMÉE.	ÉTABLISSEMENTS PÉNITENTIAIRES s'y trouvant pour recevoir les condamnés à l'emprisonnement.	CONDAMNÉS ayant à subir une peine ou un reliquat de peine d'une durée ne dépassant pas deux mois.	CONDAMNÉS de la 1re catégorie ayant à subir une peine ou un reliquat de peine d'une durée de		CONDAMNÉS de la 2e catégorie ayant à subir une peine ou un reliquat de peine d'une durée de		CONDAMNÉS ayant été l'objet d'un rapport spécial. (Article 2 du décret et de l'instruction.)
			deux mois à un an inclus.	plus d'un an.	deux mois à un an inclus.	plus d'un an (exception faite de ceux qui doivent terminer leur temps de service dans un corps de la métropole).	
Gouvernement mil. de Paris.	Prison militaire de Paris	Paris	Paris	Fort-Gassion.	Clermont-Ferr^d.	Douéra	Le Mans.
1er corps d'armée	Prison militaire de Lille	Lille	Lille	Id.	Amiens	Id.	Id.
	Pénitencier militaire de Fort-Gassion	»	»	»	»	»	»
2e id.	Prison militaire d'Amiens	Amiens	Rouen	Id.	Id.	Id.	Id.
3e id.	Prison militaire de Rouen	Rouen	Rouen	Id.	Id.	Id.	Rouen.
4e id.	Prison militaire du Mans	Le Mans	Orléans	Id.	Le Mans	Id.	Le Mans.
5e id.	Prison militaire d'Orléans	Orléans	Orléans	Id.	Clermont-Ferr^d.	Id.	Orléans.
6e id.	Prison militaire de Châlons-sur-Marne	Châlons-sur-Marne	Châlons-sur-Marne	Id.	15e région	Id.	Albertville.
7e id.	Prison militaire de Besançon	Besançon	Besançon	Albertville	Id.	Id.	Id.
8e id.	Prison militaire de Bourges	Bourges	Bourges	Id.	Clermont-Ferr^d.	Id.	Orléans.
9e id.	Prison militaire de Tours	Tours	Tours	Fort-Gassion.	Le Mans	Id.	Rennes.
10e id.	Prison militaire de Rennes	Rennes	Rennes	Id.	Id.	Id.	Id.
11e id.	Prison militaire de Nantes	Nantes	Nantes	Id.	Id.	Id.	Nantes.
12e id.	Prison militaire de Limoges	Limoges	Orléans	Albertville	Clermont-Ferr^d.	Id.	Orléans.
13e id.	Prison militaire de Clermont-Ferrand	Clermont-Ferrand.	Bourges	Id.	Id.	Id.	Albertville.
Gouvernement milit. de Lyon et 14e corps d'armée	Prison militaire de Lyon	Lyon	Grenoble	Id.	15e région	Id.	Grenoble.
	Pénitencier milit. d'Albertville	»	»	»	»	»	»
	Prison militaire de Grenoble	Grenoble	Grenoble	Id.	Id.	Id.	Id.
15e corps d'armée	Prison militaire de Marseille	Marseille	Grenoble	Id.	Id.	Id.	Albertville.
	Prison militaire de Toulon	»	»	»	»	»	»
16e id.	Prison militaire de Montpellier	Montpellier	Grenoble	Id	Id.	Id.	Id.
17e id.	Prison militaire de Toulouse	Toulouse	Toulouse	Id.	Clermont-Ferr^d.	Id.	Bordeaux.
18e id.	Prison militaire de Bordeaux	Bordeaux	Bordeaux	Id.	Id.	Id.	Id
20e id.	Prison civile de Nancy	Nancy (pris. civ.).	Besançon	Id.	15e région	Id.	Albertville.
19e corps d'armée — Division d'Alger	Prison militaire d'Alger	Alger	Aïn-Béïda	Aïn-Béïda	Alger	Id.	Alger.
	Pénitencier militaire de Douéra	»	»	»	»	»	»
19e corps d'armée — Division d'Oran	Prison militaire d'Oran	Oran	Bossuet	Bossuet	Bossuet	Bossuet	Oran.
	Pénitencier milit. de Bossuet	»	»	»	»	»	»
19e corps d'armée — Div. de Constantine	Prison militaire de Constantine	Constantine	Aïn-Béïda	Aïn-Béïda	Aïn-Béïda	Aïn-Béïda	Constantine.
	Pénitenc. milit. d'Aïn-Béïda	»	»	»	»	»	»
Divis. d'occup. de Tunisie	Prison militaire de Tunis	Tunis	Téboursouk	Téboursouk	Téboursouk	Téboursouk	Id.
	Établissement pénitent. mixte de Téboursouk	»	»	»	»	»	Id.

5° Dispositions diverses.

Décret fixant le tarif des indemnités annuelles de frais de bureau revenant au personnel des établissements pénitentiaires militaires et du dépôt des sections métropolitaines d'exclus, à partir du 1er janvier 1903, et payables sur les crédits affectés à ces établissements.

Paris, le 28 octobre 1902.

RAPPORT AU PRÉSIDENT DE LA RÉPUBLIQUE FRANÇAISE.

Monsieur le Président,

Les officiers commandant les établissements pénitentiaires militaires, ainsi que les officiers d'administration ou agents principaux de ces établissements, perçoivent des frais de bureau dont le montant est fixé par un tarif annexé à l'instruction du 10 décembre 1900 sur les établissements pénitentiaires militaires. (*Bulletin officiel*, volume 57, pages 118 et 119, édition méthodique.)

Au moyen de ces allocations, ils sont tenus de pourvoir à l'achat des registres, imprimés et fournitures de bureau qui leur sont nécessaires pour l'exécution de leur service, à l'exception de certains imprimés d'un usage général qui leur sont délivrés gratuitement par l'administration de la guerre.

Il a été reconnu que les effectifs des prisons militaires ont subi, dans ces derniers temps, des modifications assez importantes par suite, d'une part, de l'application de la loi du 19 juillet 1901 sur l'admission des circonstances atténuantes, d'autre part, du rattachement des troupes coloniales au Département de la guerre et, enfin, des dispositions qui ont été adoptées pour réaliser aussi complètement que possible la séparation des condamnés pour crimes ou délits de droit commun d'avec ceux détenus pour crimes ou délits exclusivement militaires.

Il en est résulté que le tarif des frais de bureau, actuellement en vigueur pour les officiers d'administration comptables et les agents principaux, ne correspond plus exactement aux dépenses réellement supportées par les intéressés et que, dans plusieurs cas, les sommes actuellement perçues par eux sont supérieures à ces dépenses. Or, il est de règle que les allocations pour frais de bureau ne doivent pas avoir le caractère d'un supplément de solde, mais correspondre aux besoins effectifs.

J'ai donc fait préparer un tarif nouveau qui procurera au Trésor une économie annuelle de 2.000 francs environ, et j'estime que ce nouveau tarif pourrait entrer en vigueur à partir du 1er janvier prochain.

Si vous approuvez ces propositions, j'ai l'honneur de vous prier de vouloir bien revêtir de votre signature le présent rapport.

TARIF des indemnités annuelles de frais de bureau revenant au personnel des établissements pénitentiaires militaires et du dépôt des sections métropolitaines d'exclus, à partir du 1er janvier 1903, et payables sur les crédits affectés à ces établissements.

DÉSIGNATION DES PARTIES PRENANTES.	INDEMNITÉ de FRAIS DE BUREAU			OBSERVATIONS.
	par an.	par mois.	par jour.	
	francs.	fr. c.	fr. c.	
I. — Ateliers de travaux publics, pénitenciers, établissements mixtes, dépot des sections métropolitaines d'exclus.				
Officier commandant.... { Commandant... / Capitaine....... }	144	12 00	0 40	Les règles d'allocation à appliquer au sujet de l'indemnité de frais de bureau sont celles indiquées à l'article 14 du décret du 29 mai 1890 pour les indemnités n° 7 acquises aux officiers de l'armée active.
Officier adjoint au commandant......... { Lieutenant..... / Sous-lieutenant. }	126	10 50	0 35	
Officier d'administration comptable...........................	612	51 00	1 70	
II. — Prisons militaires.				
Agents principaux (1) :				(1) L'effectif moyen servant de base à la perception de l'indemnité de frais de bureau pendant un trimestre est l'effectif moyen réalisé pendant le trimestre précédent obtenu en divisant le nombre total de journées de présence résultant des inscriptions portées sur la feuille de journée numérique trimestrielle par le nombre de jours de ce trimestre.
Prisons ayant un effectif moyen de détenus.......... { Inférieur ou égal à 40..........	198	16 50	0 55	
de 41 à 70.......	252	21 00	0 70	
Supérieur à 70.. }	288	24 00	0 80	
Supplément alloué à l'agent principal de la prison militaire de Montpellier pour l'administration de l'annexe de Collioure et du dépôt des sections métropolitaines d'exclus...........	108	9 00	0 30	

Décret relatif à l'indemnité de fonctions des agents principaux des prisons militaires.

Paris, le 5 juillet 1909.

Le Président de la République française,

Vu le décret du 26 février 1900, sur les établissements pénitentiaires militaires;

Vu le décret en date de ce jour, créant une indemnité de fonctions pour les agents principaux des prisons militaires;

Sur le rapport du Ministre de la guerre,

Décrète :

Art. 1er. Les agents principaux des prisons militaires perçoivent, sur les crédits des établissements pénitentiaires militaires, une indemnité de fonctions comportant une portion fixe de 360 francs par an et une portion variable calculée sur les bases des 5 p. 100 du produit du travail des détenus de l'établissement, sans que le montant de l'indemnité totale puisse dépasser 720 francs.

Cette indemnité est payable mensuellement et à terme échu, par mandat du sous-intendant, appuyé d'un état décompté indiquant distinctement la portion fixe et la quotité proportionnelle au produit du travail.

En cas d'absence de l'agent principal, non motivée par le service, l'indemnité de fonctions est due à l'intérimaire régulièrement désigné par le commandant d'armes.

Art. 2. Les dispositions qui précèdent auront leur effet à compter du 1er janvier 1910.

A partir de cette date, la prime de surveillance allouée antérieurement aux agents principaux et aux adjudants greffiers des prisons militaires sera supprimée.

Art. 3. Le Ministre de la guerre et le Ministre des finances sont chargés, chacun en ce qui le concerne, de l'exécution du présent décret.

Fait à Paris, le 5 juillet 1909.

A. FALLIÈRES.

Par le Président de la République :

Le Ministre de la guerre,
G. PICQUART.

Le Ministre des finances,
J. CAILLAUX.

Circulaire portant envoi d'une instruction morale pour les gradés des corps de discipline et des établissements pénitentiaires.

Paris, le 2 novembre 1902.

Le Ministre de la guerre à MM. les Gouverneurs militaires de Paris et de Lyon; les Généraux commandant les corps d'armée; le Général commandant la division d'occupation de Tunisie.

Mon cher Général,

Les observations auxquelles a donné lieu le fonctionnement des établissements pénitentiaires et des divers corps disciplinaires de l'armée m'ont amené à reconnaître la nécessité d'apporter à l'organisation et au régime intérieur de ces corps et établissements certaines modifications qui ont fait l'objet des décrets du 26 septembre et du 2 novembre 1902, lesquels vont être complétés par des instructions qui vous seront prochainement notifiées.

Mais, des modifications aux règlements ne seraient pas suffisantes pour remédier aux inconvénients signalés, et, pour atteindre le mal dans sa racine, il est indispensable que l'attention des cadres soit appelée sur une partie de leur tâche, qu'ils semblent avoir négligée jusqu'ici, pour consacrer exclusivement au maintien de l'ordre et de la discipline les qualités d'énergie et de dévouement que tout le monde leur reconnaît et auxquelles je rends pleine justice.

Je veux parler du côté moral de leur mission, de l'esprit dans lequel ils doivent appliquer les règlements mis à leur disposition.

Qu'il s'agisse de militaires accomplissant une peine, de condamnés placés dans les bataillons d'Afrique pour y subir un certain temps d'observation avant leur rentrée dans les corps de troupe, ou de soldats envoyés par punition dans les compagnies de discipline, le même devoir s'impose aux cadres :

Poursuivre plutôt l'amendement que la répression;

Faire servir, quand le coupable a des fautes à expier, cette expiation même à son relèvement;

Ne pas se considérer, dans la lutte inévitable qui se produit entre le détenu et son gardien, comme chargés uniquement de paralyser par la force les mauvais instincts, mais aussi de développer les bons par la persuasion et par un parti pris de bienveillance que les révoltes les plus tenaces n'arrivent pas à rebuter.

Afin de guider dans cette tâche les gradés des corps d'épreuve et des établissements pénitentiaires, j'ai fait préparer l'instruction morale ci-jointe qui s'adresse aux cadres, officiers et troupe, tant des prisons, pénitenciers et ateliers de travaux publics, que des bataillons d'infanterie légère d'Afrique, des sections d'exclus et des compagnies de discipline métropolitaines et coloniales.

C'est selon les idées générales exposées dans cette instruction que l'on devra, dans chaque catégorie de corps ou établissement, appliquer le règlement spécial qui la concerne et combiner les moyens d'action, de répression et de récompense prévus par ce règlement.

J'ai l'honneur de vous prier, mon cher Général, de donner des ordres pour que cette instruction soit communiquée à tous les gradés sans exception, que les chefs de corps ou d'établissement qui, j'en suis sûr, comprendront son but et sa portée, en développent les principes dans des conférences à leurs subordonnés et que les officiers généraux chargés de la surveillance des corps et établissements dont il s'agit tiennent la main à son exécution.

INSTRUCTION MORALE POUR LES GRADÉS DES CORPS DE DISCIPLINE ET DES ÉTABLISSEMENTS PÉNITENTIAIRES.

Le premier devoir des gradés des corps de discipline et des établissements pénitentiaires est de s'attacher à bien connaître les hommes qui leur sont envoyés, afin de traiter chacun suivant son âge, son intelligence, ses tendances et son caractère.

Il y a lieu, dans la plupart des cas, de considérer les disciplinaires et les détenus non comme des incorrigibles, mais comme des victimes d'un cerveau déséquilibré.

On ne doit pas oublier que les sentiments d'honneur et de famille ne sont jamais complètement éteints dans une âme et qu'une bonne parole dite à propos contribue, plus que des punitions accumulées, à ramener au bien des hommes qui, pour beaucoup, ont été constamment aux prises avec l'adversité.

Les réprimandes doivent être faites avec discernement, sans brusquerie ni propos grossiers.

Les châtiments corporels doivent être rigoureusement proscrits au nom de l'humanité. Ils constituent un traitement dégradant dont la tache rejaillit sur l'autorité qui l'a prescrit.

Tout coupable, quelle que soit la peine à laquelle la loi militaire ou civile l'a condamné, doit pouvoir à toute heure réaliser sa réhabilitation.

Celle-ci ne doit pas cesser un seul instant de lui être offerte, même au moment où sa conscience semble s'effondrer à tout jamais.

Dans les corps de discipline et dans les établissements pénitentiaires, le sentiment qui doit dominer tous les autres, c'est l'espérance, dont la notion doit être soigneusement maintenue, même dans les circonstances les plus critiques. Quand un homme donne des marques de l'énervement produit très fréquemment par la privation de la liberté, il faut que le gradé ou le surveillant, au nom de cette espérance qu'il est essentiel de ne pas détruire, sache, à propos, ne rien voir ou ne rien entendre, et apporter à la parole grossière, au geste insultant, son inaltérable sang-froid.

Le relèvement des disciplinaires, d'hommes qui ont encore la qualité de soldat, doit se poursuivre par le mouvement (marches et exercices militaires). Celui des détenus doit s'opérer par le travail manuel, ce puissant facteur de la réhabilitation.

Pour les uns et pour les autres, l'action moralisatrice sera complétée par des théories qui seront le développement des grandes maximes de l'honneur et de la vertu et dans lesquelles on mettra en relief, par des exemples toujours faciles à trouver, les relèvements faisant suite aux extrêmes défaillances.

En résumé, les corps de discipline et les établissements pénitentiaires doivent être, par-dessus tout, des écoles de redressement dans lesquelles les gradés, profondément pénétrés de leur grand rôle de moralisateurs, ne perdront jamais de vue que leur tâche la plus élevée et la plus digne consiste à montrer aux consciences égarées la voie du repentir, à aider les coupables à obtenir de la société leur pardon définitif.

Circulaire rappelant les prescriptions de l'article 56 du règlement du 10 décembre 1900 sur les établissements pénitentiaires militaires en ce qui concerne les propositions de grâce.

Paris, le 17 juin 1909.

Le Ministre de la guerre à MM. les Gouverneurs militaires de Paris et de Lyon; les Généraux commandant les corps d'armée; le Général commandant la division d'occupation de Tunisie.

Aux termes de l'article 56 du règlement du 10 décembre 1900, il est interdit aux commandants d'établissements pénitentiaires militaires de fournir des renseignements sur les propositions de grâce ou de réduction de peine à toutes personnes autres que celles ayant qualité pour émettre des avis au sujet de ces propositions.

J'attache la plus haute importance à ce que ces prescriptions soient rigoureusement observées non seulement vis-à-vis des personnes dont il s'agit, mais encore à l'égard des détenus eux-mêmes, qui doivent rester dans l'ignorance des propositions faites en leur faveur.

J'ai l'honneur de vous prier de vouloir bien donner des instructions formelles dans ce sens aux chefs des établissements relevant de votre circonscription, ainsi qu'à tout le personnel militaire appelé régulièrement à avoir connaissance des propositions de grâce ou de réduction de peine.

J'ajouterai que les mesures de rigueur les plus sévères seraient prises à l'égard de tout officier ou sous-officier qui me serait signalé comme ayant enfreint les prescriptions ci-dessus.

TABLE DES MATIÈRES.

TITRE Ier.

ORGANISATION GÉNÉRALE DES ÉTABLISSEMENTS PÉNITENTIAIRES.

CHAPITRE Ier.

ÉTABLISSEMENTS PÉNITENTIAIRES. — RÉGIME. — RÉPARTITION DES CONDAMNÉS.

CHAPITRE II.

COMMANDEMENT SUPÉRIEUR, SURVEILLANCE ET ADMINISTRATION DES ÉTABLISSEMENTS PÉNITENTIAIRES.

CHAPITRE III.

COMPOSITION, ATTRIBUTIONS ET OBLIGATIONS DU PERSONNEL.

Attributions du personnel des ateliers de travaux publics et pénitenciers.

§ 3. — *Dispositions spéciales aux militaires détenus dans les prisons à titre préventif.*

§ 4. — *Dispositions concernant les condamnés.*

§ 5. — *Dispositions concernant les passagers.*

CHAPITRE II.

SERVICE INTÉRIEUR DES ÉTABLISSEMENTS PÉNITENTIAIRES.

---

§ 1er. — *Service journalier. Repos. Soins de propreté. Travaux.*

§ 2. — *Police et discipline.*

1° Mesures d'ordre intérieur.

2° Punitions des détenus.

3° Réclamations.

4° Gardes de police.

§ 3. — *Entrées et sorties. — Visites.*

§ 4. — *Correspondance des détenus.*

§ 5. — *Service de santé. — Hygiène.*

CHAPITRE V.

COUCHAGE ET AMEUBLEMENT.

CHAPITRE VI.

§ 1er. — *Chauffage.*

§ 2. — *Eclairage.*

CHAPITRE VII.

BLANCHISSAGE.

CHAPITRE VIII.

ARMEMENT.

CHAPITRE IX.

EMPLOI DE LA MAIN-D'OEUVRE PÉNITENTIAIRE DANS L'INTÉRIEUR DES ÉTABLISSEMENTS.

CHAPITRE X.

EMPLOI DE LA MAIN-D'OEUVRE PÉNITENTIAIRE SUR LES CHANTIERS EXTÉRIEURS.

CHAPITRE XI.

FONDS PARTICULIER DES DÉTENUS.

TITRE III.

ADMINISTRATION ET COMPTABILITÉ.

CHAPITRE Ier.

ADMINISTRATION.

CHAPITRE II.

COMPTABILITÉ.

CHAPITRE III.

ANNEXES.

DISPOSITIONS DIVERSES.

TABLES

TABLE CHRONOLOGIQUE.

TABLE ALPHABÉTIQUE.

A

B

C

Paris et Limoges. — Imprimerie militaire Henri Charles-Lavauzelle.

Paris et Limoges. — Imprimerie militaire Henri CHARLES-LAVAUZELLE.

www.ingramcontent.com/pod-product-compliance
Lightning Source LLC
LaVergne TN
LVHW011959220826
846092LV00001B/208
* 9 7 8 2 3 2 9 7 9 5 6 4 5 *